W0053999

Streamerfischen

Wolfgang Schulte

STREAMERfischen

Methoden
Muster
Fanggebiete weltweit

KOSMOS

Mit 72 Farb- und 8 Schwarzweiß-Fotos sowie 72 Zeichnungen

Umschlaggestaltung von F. Steinen-Broo, eStudio Calamar, Pau, Spanien unter Verwendung von vier Aufnahmen des Verfassers: Barrakuda-Drill (Bahamas), Kapitaler Permit (Bahamas), Fischen auf Rotlachs (Yukon/Kanada), Gelandeter Barrakuda mit Rolle und Groß-Streamer.

Das Bild auf den Seiten 2 und 3 zeigt Fischen auf Lachs und Grilse am irischen River Drowes.

Die Deutsche Bibliothek – CIP-Einheitsaufnahme

Schulte, Wolfgang:
Streamerfischen : Methoden, Muster, Fanggebiete weltweit /
Wolfgang Schulte. – Stuttgart : Kosmos, 2000
   ISBN 3-440-08098-6

Gedruckt auf chlorfrei gebleichtem Papier

© 2000, Franckh-Kosmos Verlags-GmbH & Co., Stuttgart
Alle Rechte vorbehalten
ISBN 3-440-08098-6
Lektorat: Ekkehard Ophoven, Oliver Chr. Weber
Herstellung: Heiderose Stetter
Printed in Czech Republic/Imprimé en République tchèque
Satz: BlackArt, Berlin
Druck und buchbinderische Verarbeitung: Těšínská Tiskárná, Český Těšín

Inhaltsverzeichnis

Vorwort 7

Einführung 9
   Streamerfischen 9
   Streamermuster 12
   Gerätewahl 21
   Ergänzende Ausrüstung und allgemeine Hinweise 28

Nichtsalmoniden 39
   Streamerfischen auf Hecht 39
   Zanderfang mit dem Streamer 45
   Flußbarsche 48
   Räuberische Cypriniden – auf Döbel und Rapfen 54
   Auf „Bass" und Urwaldbarsche 59

Salmoniden und Salmler 67
   Streamerfischen auf Forellen 67
   Kapitale „Sea-Running Brown Trouts" und Seeforellen 74
   Streamertaktik auf Atlantiklachs 80
   Pazifiklachse 86
   Yukons prächtige Saiblinge 96
   Auf Steelhead und Sheefish 101
   Huchen, Taimen und Waller 109
   Dorados, Piranhas und Payara 114
   Tigerfisch 120

Meeresfische 127
   Meerforelle, Hornhecht, Dorsch und Wolfsbarsch 127
   Pollack, Makrele und Blauhai 133
   Bonefish, Permit, Barrakuda und andere Räuber der Flats 138
   Auf Kingfish, Dolphin, Wahoo, Thune und Speerfische 148

Danksagung 161

Literatur 162

Bildnachweis 164

Anhang 165
   Ausgewählte Adressen in Zielgebieten für Streamerfischer 165
   Fachhandel für Streamer-Bindematerial, Fischereiartikel 170
   Spezielles für Streamerfischer 170
   Register 172

Vorwort

Streamerfischen ist eine der faszinierendsten Angelmethoden – aktiv, spannungsgeladen und speziell ausgerichtet auf Raubfischarten. Und „Sternstunden" beim Fang kapitaler Fische im Süß- und Salzwasser mit der Fliegenrute werden uns oftmals gerade beim Streamerfischen zuteil. Darüber hinaus findet der Novize beim Streamerangeln, z. B. auf Forellen, Barsch und Hecht, einen geradezu idealen Einstieg ins Fliegenfischen. Auch heimische Gewässer bieten in dieser Hinsicht „gewichtige" Überraschungen!

Aber welche Fliegenmuster und welche Ausrüstung sind dabei erforderlich? Welche Angeltechnik verspricht Erfolg? Wo und wann sollte mit dem Streamer gefischt werden? Der Bedarf an aktuellen Informationen ist enorm gestiegen. Aus diesem Grund war es erforderlich, den Stand derzeitiger Erfahrungen zum Thema Streamerfischen neu zusammenzutragen. Der sich hierbei als Roter Faden durch das Buch ziehende Leitgedanke lautet im Hinblick auf die Fliegenmuster und das erforderliche Gerät: Beschränkung auf das Wesentliche.

Wolfgang Schulte
Bonn-Bad Godesberg, im Herbst 1999

Einführung

Streamerfischen

Was unterscheidet das Streamerfischen von anderen Methoden des Fliegenfischens? Was ist kennzeichnend und charakteristisch für das Fischen mit Streamerfliegen?

Beim klassischen Nymphen- und Naßfliegenfischen im Fließwasser und oft auch beim Präsentieren von Trockenfliegen und Lachsmustern lassen wir die Fliege nach dem Einwurf mit der Strömung abtreiben. Die Fliege fischt „passiv". Sie wird bis zum Zeitpunkt des Einholens vom Angler in der Regel nicht aktiv geführt. Mit Ausnahme bestimmter Naß- und Lachsfliegen werden mit den oben genannten Fliegentypen vor allem Insektenlarven, Insekten und Bachflohkrebse imitiert, welche vom Fisch meist aufgenommen werden, während sie im Wasser abdriften.

Streamer aktiv führen

Beim Streamerfischen wird die Fliege in der Regel nach dem Einwurf **aktiv bewegt** und mit eingeschalteten Intervallen teilweise schnell **geführt**, um damit ein flüchtendes Fischchen oder ein anderes Beutetier aus dem Nahrungsspektrum von Raubfischen wirklichkeitsnah zu imitieren. Das Führen und aktive Bewegen der Streamer-Fliege kann zum Beispiel durch Einstrippen, Einziehen oder ruckweises Einholen der Fliegenschnur erfolgen. Führen wir den Streamer in der oben beschriebenen Weise, so sind die bereits erwähnten Intervalle auch bei schneller Führung oftmals diejenigen Momente, in denen eine Forelle oder ein kapitaler Hecht zufassen. Der rasant bewegte Köder löst den Raubinstinkt und die Verfolgung aus, doch der Anbiß erfolgt nicht selten genau in dem Moment, in dem der Streamer für einen kurzen Moment im Wasser quasi stehenbleibt.

Es lassen sich keine generellen Regeln aufstellen, wie schnell ein Streamer „im Idealfall" geführt werden sollte. Dies hängt z. B. entscheidend von der Wassertemperatur (je wärmer, je schneller – da Räuber und Beute dann aktiver sind) und von der jeweils zu imitierenden Beute ab. Ein Garnelenmuster wird z. B. kaum Erfolge zeitigen, wenn wir es pausenlos pfeilschnell durch das Salzwasser schwimmen lassen. Hier sind kleine, ruckweise „Ticks" beim Einziehen gefragt. Bei anderen Streamertypen bin ich mit energischer Führung selten schlecht gefahren, vor allem wenn es auf Forellen, Barsch und Hecht geht. Nie habe ich z. B. mit einem „verführerisch auf der Stelle vibrierenden Streamer" – wie man es manchmal zu lesen bekommt – einen Hecht zum Anbiß verlocken können. Dies mag da und dort so passiert sein, doch der Großteil meiner Hechte nahm einen mit kurzen Intervallen schnell geführten Streamer – sowohl im Fluß, wie auch im See. Eine Grauzone mag da liegen, wo bestimmte Fischarten wie heimische Döbel, Lachse, Meerforellen oder Steelheads ganz gezielt mit dem in der Strömung driftenden und dabei zum Teil leicht gezupften Streamer bzw. beim Herumschwingen des Streamers in der Strömung gehakt und gelandet werden.

Die Bandbreite der für die verschiedenen Formen des Streamerfischens mittlerweile entwickelten Fliegenmuster ist groß. Sie reicht von sogenannten Reizfliegen und imitatorischen Allround-Mustern über fischförmige Streamer, Libellenlarven, Egel, Kaulquappen, kleine Frösche, Garnelen und Krabben bis hin zur Nachbildung von Spitzmäusen und kleinen Nagetieren wie Mäusen und Lemmingen.

> Die Kunst besteht darin, die Führung des Streamermusters in Hinblick auf Geschwindigkeit, Bewegungsrhythmus und Wassertiefe dem zu imitierenden Nahrungstier und den Verhaltensweisen der jeweils beangelten Fischarten möglichst gut anzupassen. Durch die Bewegung der Fliege müssen wir dem Raubfisch einen untrüglichen Eindruck von etwas Lebendigem vermitteln und ihn hierdurch zum Anbiß verleiten.

Was dies nun im Einzelfall im Hinblick auf Streamerwahl, Angeltechnik und Gerätezusammenstellung genau erfordert, wird in den Kapiteln über die jeweiligen Zielfischarten ausführlich beschrieben.

Grauzonen

Zwischen den verschiedenen fischereilichen Methoden bestehen fließende Übergänge. Eine derartige „Grauzone" liegt beispielsweise zwischen dem Streamerfischen und dem Naßfliegenfischen, wie es u. a. auf Seen in Irland und Großbritannien ausgeübt wird. Denn zumindest die Endfliege oder „tailfly" (z. B. eine „Peter Ross" oder „Butcher") eines klassischen Dreifliegen-Gespannes fischt beim ständigen Heranstrippen nicht viel anders als ein oberflächennah geführter kleiner Streamer.

Beim Lachsfischen werden teilweise fischförmige Muster wie „Silver Tube" und „Eel Sprat" eingesetzt, die zu bestimmten Zeiten und an passenden Flußstellen mit streamerähnlichen Techniken gefischt werden können. Das langsame Führen einer weich geflügelten Lachsfliege in langsam flie-ßendes „slack water" hinein, oder die schnelle, oberflächennahe Führung einer Fliege quer zur Fließrichtung erinnern z. B. an Streamertechniken.

Beim Salzwasser-Fliegenfischen ist in dieser Hinsicht nie sehr scharf getrennt worden. Wenn es um die Bahamas, vor Belize, Kuba, Mexiko oder in anderen Tropenparadiesen mit der Fliege z. B. auf pfeilschnelle Bonefish geht, wird dort kaum jemand lange darüber sinnieren, ob es sich bei dieser Form des Fliegenfischens wohl um eine weitere Variante des Streamer-fischens handelt. Mit dem Tarponfischen und der Pirsch auf die anderen großen Raubfische des Meeres mit voluminösen fischförmigen Fliegen ver-hält es sich nicht viel anders.

Spinnfischen mit dem Streamer

Streamer können selbstverständlich auch mit der Spinnrute sehr erfolg-reich gefischt werden. Hierzu wird der Streamer entweder oberflächennah mit einer Wasserkugel präsentiert (z. B. auf Forellen), oder mittels Be-schwerung – eigenschwere Fliege oder Vorblei – tief gefischt (z. B. auf Hecht und Zander, vgl. Abb. 1). Die Streamerführung kann durch intervall-

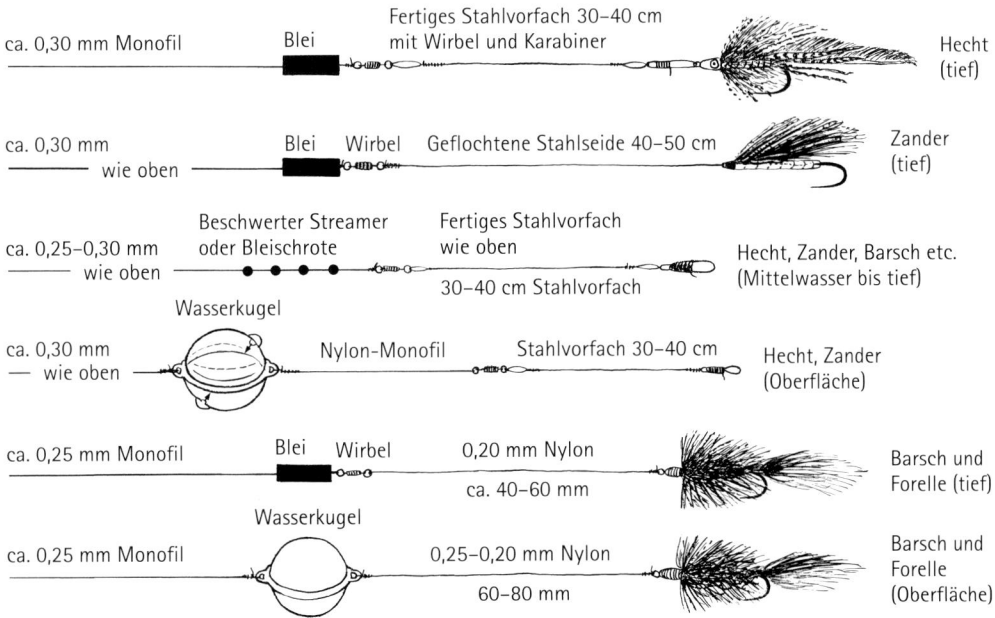

Abb. 1: Montagen für das Spinnfischen mit dem Streamer auf Hecht, Zander, Barsch und Forelle

förmiges Einkurbeln der Schnur, durch entsprechende Rutenbewegungen oder durch langsames Einziehen per Hand und nachträgliches Aufkurbeln am Boden liegender Schnurklänge erfolgen. Ich nenne diese Form des Streamerfischens das „Spinnfischen mit dem Streamer". Es bietet sich für den Spinnangler z. B. dort an, wo zeitweise oder permanent nur mit der Fliege gefischt werden darf und dies nicht auf den Gebrauch einer Fliegenrute beschränkt wird. Es bildet aber auch überall dort eine Alternative, wo es an stark befischten bzw. „verblinkerten" Gewässern mit dem gängigen Spinnköderspektrum bereits sehr schwer geworden ist, einen guten Hecht etc. zum Anbiß zu verleiten. In solchen Fällen hat ein Streamer an der Spinnrute schon oft Wunder gewirkt. Wenn solche Erfolge dann obendrein zu einem Einstieg in das Fliegenfischen führen, so kann man dem glücklichen Fänger nur doppelt gratulieren.

Streamermuster

Im Englischen ist vor allem die Bezeichung „lures" gebräuchlich, wenn in der Angelliteratur von Streamerfliegen die Rede ist. Dieser englische Begriff trifft vielleicht am besten zu, denn „lure" bedeutet neben der rein figürlichen Übersetzung „Köder" auch so viel wie „Verlockung, Reiz, Zauber" – und geheimnisvolle Reize gehen von diesen Fliegen offensichtlich aus. Denn bei den Fischen werden die Urinstinkte des Beutemachens geweckt, und bei den Anglern kommen Jagd- und Sammeltrieb sowie Kreativität und Reisefieber zum Ausbruch. Ein weites Feld mit neuen anglerischen Dimensionen tut sich Fliegenfischern auf, die sich mit dem (Nach-)Binden von Streamermustern näher befassen. Neue Trends und neue Materialien haben gerade in den letzten Jahren das Fliegenbinden und das Streamerfischen revolutioniert. Man schaue zum Vergleich in Magazine und Bücher, die vor zehn oder zwanzig Jahren auf dem Markt waren. Die Unterschiede sind gewaltig.

Streamer und Bucktail

In der anglo-amerikanischen wie in der europäischen Literatur werden immer wieder zwei Haupttypen unterschieden, nämlich der Streamer und der Bucktail. Die wichtigsten Unterschiede sind schnell erklärt:

Beim **Streamer** (Abb. 2 a, b) wird die Schwinge aus **Federn** gebunden, meist unter Verwendung von Hahnenfedern (Nacken- oder Sattelfedern). In wachsendem Maße werden heute für Schwinge oder Schwanz auch Marabou-Federn (Truthahn-Flaumfedern) oder Bündel von Marabou-Fibern verwendet. Dieses Material zeichnet sich im Wasser durch weich fließende, verführerisch

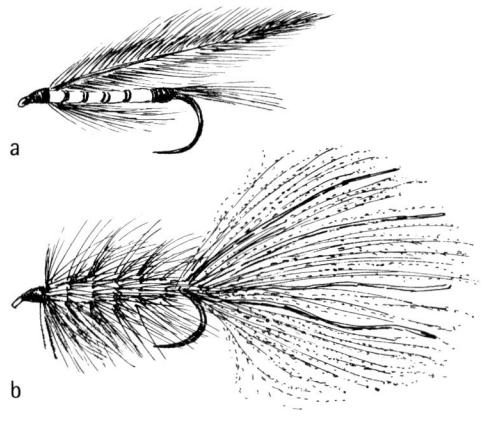

a

b

Abb. 2 a, b: Schwinge bzw. Schwanz des Streamers bestehen nach der ursprünglichen Definition aus Feder-Material (a: Hahnenfedern usw., b: Marabou-Fibern).

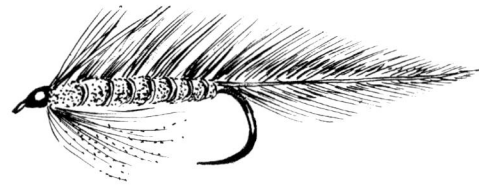

Abb. 3: Beim Matuka-Streamer wird die Feder-Schwinge auf dem Körper festgelegt.

und lebendig wirkende Bewegung aus. Lichtreflexe erzeugende Kunstmaterialien wie Krystal Flash oder Flashabou sind bei vielen heutigen Streamermustern bereits eine obligatorische binderische Beigabe geworden. Die hauptsächliche Substanz eines Streamers besteht jedoch aus Feder-Material.

Der Matuka-Streamer (Abb. 3) stellt eine in Neuseeland entwickelte Sonderform des Feder-Streamers dar. Bei ihm wird der vordere Teil des Flügels nach vorherigem, halbseitigen Abstreifen der Fibern auf dem Hakenschenkel mit eingebunden. Statt der ursprünglich verwendeten Federn des neuseeländischen Matuka-Vogels dienen heute vor allem Hennen- und Hahnenbälge als Federlieferanten.

Beim **Bucktail** (Abb. 4) wird die Schwinge aus **Tierhaaren** oder **Kunsthaar-Material** gebunden. Ursprünglich verwendete man in Nordamerika meist Haare vom Schwanz des Weißwedelhirsches (engl.: bucktail; daher der Name dieses Fliegentyps). Gut geeignet sind darüber hinaus z. B. Ziegenhaar/Kid Goat sowie Haar-Materialien vom amerikanischen Grauen Eichhörnchen und verschiedenen Fuchsarten. Insgesamt geht der Trend hin zu Weichhaar-Schwingen, da diese im Wasser überaus lebendig wirken. Daneben nimmt die Verwendung von Kunsthaar-Materialien beim Binden heute breiten Raum ein. Verschiedenste Kunstfasern und feinste Stränge, teilweise gewellt und irisierend, bilden den Grundstock moderner „High-tech"-Bucktail-Schwingen. Die künstlichen Materialien nehmen kein Wasser auf und sind in einem

Abb. 4: Die Schwinge des Bucktail besteht aus natürlichem oder künstlichem Haar-Material.

großen Farbenspektrum erhältlich. Ihre Schimmer- und Glitzerwirkung reicht bis hin zu holographischen, irisierend bunten Lichtreflexen.

Weitere Streamertypen

Darüber hinaus gibt es noch eine ganze Reihe weiterer Bindeweisen bzw. Streamertypen. Die nachfolgende Aufzählung gibt einen Überblick über ausgewählte, aktuelle bzw. teilweise neu entwickelte Streamerformen, die heute beim Fang verschiedenster Fischarten eine bedeutende Rolle spielen. **Zonker-** und **Bunny-Streamer** werden mit Hilfe von naturfarbenen oder gefärbten Fellstreifen, den sogenannten „zonker-strips" gebunden, die meist aus Kaninchenfell hergestellt werden.

Bei Zonkermustern (Abb. 5) wird der Fellstreifen am Öhr und am Hakenschenkel eingebunden. Mit Sekundenkleber kann der Fellstreifen auf dem Körpermaterial zusätzlich fixiert und hierdurch die Haltbarkeit erhöht werden. Ferner besteht die Möglichkeit, den Fellstreifen wie bei einem Matuka-Streamer auf dem Körper mit dem Bindefaden oder dem Rippungsmaterial festzulegen. Der Fellstreifen bildet beim Zonker-Streamer eine weiche, sehr bewegliche Schwinge.

Beim Bunny-Streamer wird nach dem Einbinden eines Fellstreifens als Schwanz ein zweiter Kaninchenfellstreifen wie eine Hechelfeder von hinten nach vorne zum Öhr fest um den Hakenschenkel gewunden. Auf diese Weise entsteht eine überaus haltbare und wirkungsvolle Raubfisch-Fliege, die im Wasser viel Volumen bekommt, extrem weich und flexibel ist und daher sehr lebendig wirkt. In Amerika wurden Bunny-Fliegen etwa ab

Abb. 5: Zonkermuster mit Fellstreifen-Schwinge

1970 auf „Bass" (Schwarzbarsch, Forellenbarsch) gefischt. In der Folgezeit wurden viele Abwandlungen gebunden und mit großem Erfolg u. a. in Alaska auf pazifische Lachse eingesetzt. Seit Anfang der neunziger Jahre gewinnt der von Barry Reynolds und John Berryman bekannt gemachte Großstreamer „Bunny Bug" (Abb. 6) durch Fangerfolge auf große Hechte und gewichtige Amerikanische Saiblinge (Namaycush-Saibling) in kanadischen Seen an Bedeutung. Was Hechte betrifft, so hat die „Bunny Bug"-Begeisterung längst auf Europa übergegriffen. Zonkermuster und Bunny-Fliegen sind zugleich Beispiele für eine Streamergeneration, die – ähnlich wie die modernen Lachsmuster – nach dem Erfolgscredo „weich und tödlich" gebunden und weiterentwickelt wurden. Wer ihre Aktion im Wasser einmal genau beobachtet hat, wird von diesen Streamermustern voll überzeugt sein.

Die von Roman Moser entwickelten **Plushille-Streamer** (Abb. 7 a, b) entstehen durch das Einbinden eines flexiblen Schwanzes (z. B. aus Ghost-

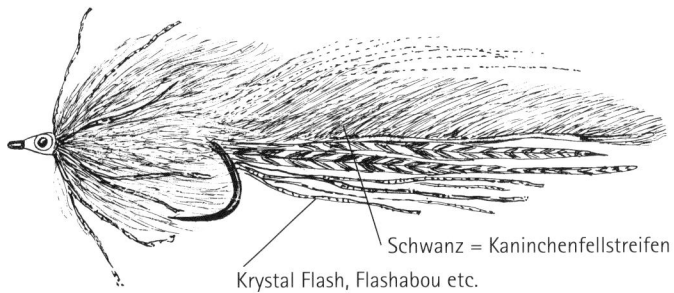

Schwanz = Kaninchenfellstreifen
Krystal Flash, Flashabou etc.

Abb. 6: Bunny Bug aus Kaninchenfellstreifen, Flashabou etc.

Abb. 7 a, b: Plushille-Streamer von R. Moser (a: Koppe/Kleinfisch, b: Plushille-Großstreamer)

Fiber-Material) und das vollständige, feste Umwinden des Hakenschenkels mit einem Plushille-Strang, der danach mit einer scharfen Schere auf Fischform zurechtgeschnitten wird. Von der „Moser-Koppe" bis zu entsprechenden Plushille-Großstreamern, die mit Erfolg auf größere Raubfische des Süß- und Salzwassers eingesetzt werden, reicht die Bandbreite dieser Fliegenserie.

Muddler und Mausfliegen (Abb. 8 a–c) bilden eine weitere Sondergruppe. Bei den Mausfliegen handelt es sich wie bei den in ihrer Substanz z. B. ebenfalls aus zurechtgeschnittenen, hochstehenden Tierhaaren (Bucktail, Rehhaar usw.) bestehenden Muddler-Streamern um Oberflächenmuster, die an der Schwimmschnur präsentiert werden und bisweilen regelrechte „crash takes" (vehemente Bisse an der Wasseroberfläche) auslösen können. Die Fliegen sollten gut gefettet werden und produzieren an der Wasseroberfläche eine charakteristische V-förmige Bugwelle, die den Raubfisch aufmerksam macht und zufassen läßt. Mausfliegen sollen schwimmende Mäuse, Spitzmäuse oder Arktische Lemminge imitieren. Man sollte sie daher nicht zu schnell führen. Sie werden entweder auf Einzelhaken oder als Röhrchenfliege auf eine „plastic tube" beziehungsweise ein Stück festen Silikonschlauch gebunden.

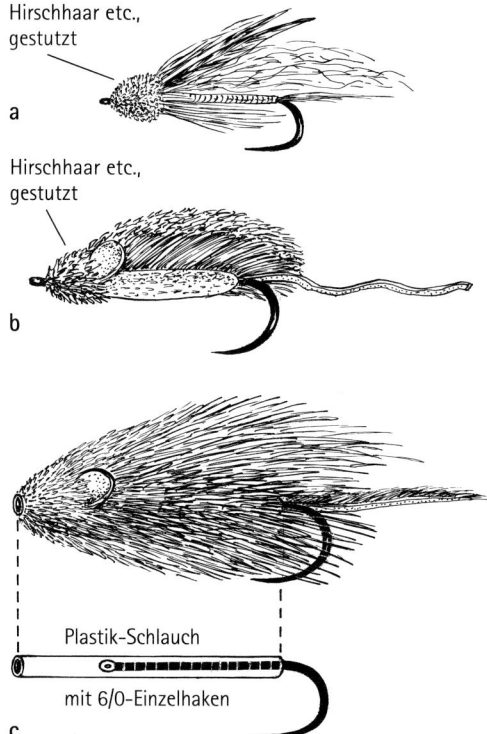

Hirschhaar etc., gestutzt

a

Hirschhaar etc., gestutzt

b

Plastik-Schlauch

mit 6/0-Einzelhaken

c

Abb. 8 a–c: (a) Muddler-Streamer und (b) Mausfliegen auf Einzelhaken bzw. (c) auf Plastik-Schlauch/-Tube)

Popper, Skipping Bug und **Slider** (Abb. 9 a–c) sind die Superschwimmer unter den Streamerfliegen. Sie wurden ursprünglich für die Fischerei auf Schwarzbarsch und Forellenbarsch entwickelt, werden mittlerweile aber in unterschiedlichen Größen mit viel Erfolg z. B. auf Rapfen, Forellen (beispielsweise Regenbogenforellen in Teichen und Seen), Flußbarsch, tropische Barsche und zahlreiche tropische Meeresfische eingesetzt. Der Schwimmkörper des Poppers soll möglichst viele Wellen und Geräusche erzeugen. Der Skipping Bug ist nichts anderes als eine für das Meeresfischen entwickelte Popper-Variante, die z. B. auf Barrakuda und Crevalle Jack zum Einsatz kommt. Der vorne schlank zulaufende Slider gleitet sehr schnell durch den Oberflächenfilm – ein spezieller „Happen" für rasante Jäger wie den Rapfen. Die Schwimmkörper von Poppern und Slidern werden meist aus zurechtgeschnittenem Haarmaterial, aus Balsaholz oder aus Kunststoffen hergestellt.

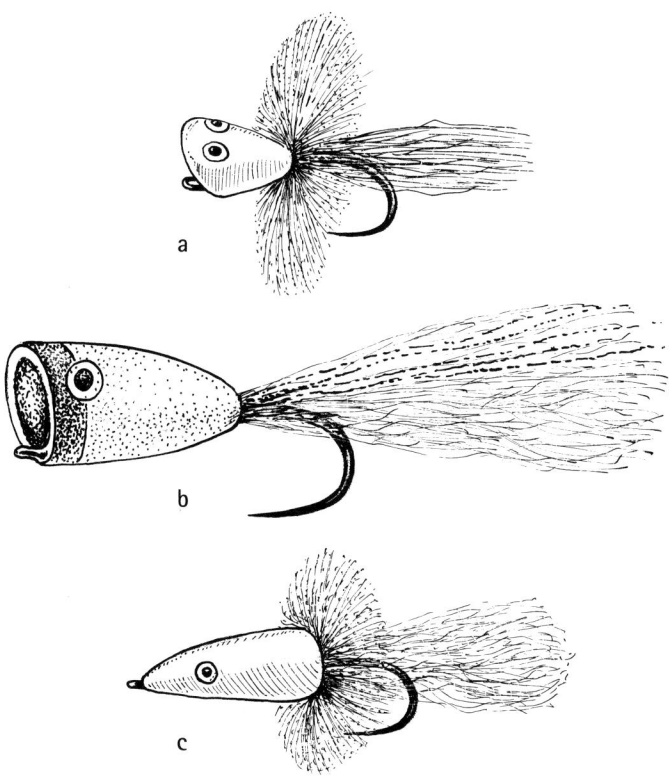

Abb. 9 a–c: (a) Popper, (b) Skipping Bug, (c) Slider

Tandemstreamer und Muster zum Streamerschleppen

Während ein Großteil der Streamerfliegen auf Einzelhaken gebunden wird, existieren für spezielle Muster mit betont langer Silhouette (Abb. 10), aber auch für Streamer mit überlangen Schwingen (Abb. 11) außerdem Bindeweisen mit zwei Haken. Ein solches Muster wird als Tandemfliege bzw. Tandemstreamer bezeichnet. Langgestreckte Meeresfliegen, mit denen z. B. auf rasch zufassende, schnelle Raubfische gefischt, und die dabei auch zum Streamerschleppfischen eingesetzt werden können, sind dem letztgenannten Typ zuzurechnen. Barrakuda-Streamer sind hierfür ein gutes Beispiel. Sie imitieren schlanke, hornhechtartige Beutefische.

Streamermuster, die beim Schleppfischen im Süßwasser z. B. auf Saiblinge und Forellen (in Yukon: Namaycush, Dolly Varden, Rainbow) gute Erfolge bringen, zeichnen sich meist durch eine tropfen- bzw. torpedoförmige Silhouette aus. Dies ist z. B. bei Marabou-Streamern mit kompakt gebundenem Körper wie dem „Olive Woolly Bugger", bei den Plushille-Fliegen, aber auch bei dem im Wasser voluminös aufgehenden „Bunny Bug" der Fall. Dazu ist jedoch anzumerken, daß das Schleppfischen mit der Fliege nach den Regeln der IGFA (International Game Fishing Association) nicht zu den Techniken des Fliegenfischen zählt.

Für spezielle Einsatzgebiete, wie z. B. das Befischen sehr „spitz" beißender Meerforellen im Mündungsbereich von Flüssen, sind Tandemfliegen mit einem kleinen Drilling als Endhaken entwickelt worden. Von Hugh Falkus

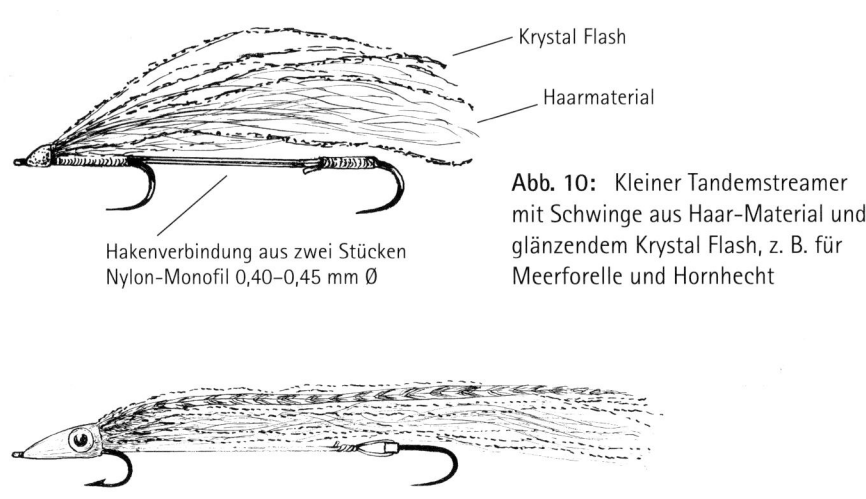

Krystal Flash

Haarmaterial

Hakenverbindung aus zwei Stücken
Nylon-Monofil 0,40–0,45 mm Ø

Abb. 10: Kleiner Tandemstreamer mit Schwinge aus Haar-Material und glänzendem Krystal Flash, z. B. für Meerforelle und Hornhecht

2 x Einzelhaken ca. Gr. 4/0

Abb. 11: Streamer mit überlanger Schwinge, z. B. für Barrakuda; geflochtener Stahldraht (z. B. von einem Stahlvorfach) verbindet die Haken.

wurde eines dieser Muster z. B. als „secret weapon" („Geheimwaffe") bezeichnet. Für eine breitere Anwendung sei dieser Streamertyp jedoch nicht empfohlen.

Widerhakenlos

Zum Thema „Fischen ohne Widerhaken" gibt es lange Diskussionen. Grundsätzlich bin ich dafür, beim Fischen auf den „Angstbart" zu verzichten. In den meisten Fällen fische ich widerhakenlos. Fliegen ohne Widerhaken verletzen Fische, die wir nicht entnehmen wollen, deutlich weniger. Wir können sie häufig bequem und in Sekundenschnelle lösen, zum Teil ohne sie aus dem Wasser nehmen zu müssen. Die überaus empfindliche Schleimschicht, der wichtige Gleit- und Schutzmantel des Fisches, bleibt damit im Idealfall sogar unangetastet. Auch der beste „Schonkescher" mit knotenlosem Weichmaschennetz kann da nicht mithalten! Amerikanischen Untersuchungen zufolge sinkt z. B. bei gehakten und zurückgesetzten Forellen die Mortalitätsrate um die Hälfte, wenn sie widerhakenlos gelandet werden. Für viele Gewässer ist daher widerhakenloses Fischen bereits vorgeschrieben.

Außerdem dient das Fischen ohne Widerhaken auch im hohen Maße der eigenen Sicherheit. Wenn man sich z. B. irgendwo in der Wildnis meilenweit entfernt von jeder Zivilisation befindet und in dieser Situation sich selbst oder einen Mitangler aus Versehen an einer ungeschützten Stelle hakt, so kann man einen widerhakenlosen Streamer rasch und meist relativ schmerzfrei wieder entfernen. Ist im anderen Fall der Widerhaken in die Haut eingedrungen, hat man dagegen sofort und unnötigerweise das berühmte „Problem".

Die in diesem Buch abgebildeten Streamermuster wurden teils ohne und teils mit Widerhaken abgebildet – gerade so, wie sie die verschiedenen Fliegendosen und Bindetische verlassen haben. Am Wasser sollte jeder selbst entscheiden, ob er den Widerhaken beim Fischen wirklich braucht.

Beschränkung auf das Wesentliche

Unabhängig von der oben erläuterten anglo-amerikanischen Unterscheidung nach Streamer und Bucktail wird in diesem Buch durchweg der Begriff ‚Streamer' verwendet, wenn ein übergreifender Fachbegriff notwendig ist. Bei der Gliederung des Buches nach Fischarten war es ferner unausweichlich, daß bestimmte Streamermuster bei unterschiedlichen Fischarten, also mehrfach, Erwähnung finden. Dies betrifft unter anderem den „Bunny Bug", den „Marabou"-Streamer bzw. „Woolly Bugger" oder Varianten des Musters „Luzi". Der Grund für diese Mehrfachnennungen liegt klar auf der Hand. Es handelt sich bei diesen Mustern um wirksame

Streamerfliegen, die beim Angeln auf unterschiedliche Fischarten erfolgreich sind, obwohl sich die jeweils notwendigen Angeltechniken deutlich
voneinander unterscheiden können.

Da ich der Meinung bin, daß eine kleine überschaubare Auswahl erfolgreicher Fliegen in jedem Fall weitaus empfehlenswerter ist als ein großes und
buntes „Sammelsurium“, kommt die auf dieser Basis zusammengestellte
Auswahl an Streamermustern ähnlich denkenden Lesern sicherlich entgegen.

Ursprung und Gegenwart

Streamerfliegen sind keineswegs eine neuartige Erfindung. Seit Menschen
damit begonnen haben, Angelhaken aus Knochen und anderen Materialien
zu fertigen, können wir davon ausgehen, daß sie vielerorts auch Federn
oder Tierhaare auf diese Haken gebunden haben, um damit Fische zu fangen. Streamerartige Fliegen zählen damit eventuell zu den ältesten Fisch-
fanggeräten des Menschen und sind wohl mit Abstand die ältesten Angel-
fliegen überhaupt.

Die Inuit, wie die „Eskimos“ (indian., „Rohfleischesser“) sich selbst nennen, haben in Alaska und Grönland erwiesenermaßen schon vor Tausen-
den von Jahren einfache Haken mit Federn oder einem aufgebundenen
Büschel Eisbärhaar zum Fischfang benutzt. Bei den neuseeländischen
Maoris wurden Knochenhaken mit Kiwifedern umwickelt, und in der Süd-
see fand man Angelhaken aus Knochen und Perlmutt mit Bastbüscheln für
den Fang von Meeresfischen (Foto 1, S. 33). Diese einfachen Muster sind
nichts anderes als Vorläufer heutiger „High-Tech-Streamer“.

Das moderne Streamerfischen wurde nach dem heutigen Stand des Wissens
in Nordamerika etwa in der Zeit zwischen 1850 und 1880 „aus der Taufe gehoben“. Auch in Irland ist damals bereits mit streamerartigen Fliegen auf
Hecht gefischt worden. Offenbar wurden Hechte bis 50 Pfund gelandet, wenn
wir dem irischen Fliegenfischer und Fliegenbinder „Hi-Regan“ und seinem im
Jahr 1900 erschienenen Buch „How and Where to Fish in Ireland“ glauben
wollen. Verbrieft ist aus dieser Zeit ferner die Entwicklung von Hechtstreamern
durch den Amerikaner Theodore Gorden. Er publizierte die Bindeweise seines
Hechtmusters mit dem prägnanten Namen „Bumblepuppy“ im Jahr 1903.

Seit frühester Zeit haben nordamerikanische Fliegenfischer und Fliegenbinder die Entwicklung des Streamerfischens und neuer Streamermuster entscheidend mitgeprägt. Der Schwerpunkt liegt dabei auf dem Streamerfischen
in Fließgewässern. Vor allem die englischen Abwandlungen und Varianten
amerikanischer Fliegen und Angeltechniken nehmen darauf nicht allzu viel
Bezug. Eher das Gegenteil ist z. B. in England und Schottland der Fall. Taff
Price vermutet, daß rund 99 % der verwendeten streamerartigen Fliegen in
Großbritannien auf „stillwaters“ und „reservoirs“ (stehenden Gewässern und
Stauseen) eingesetzt werden. Überall dort, wo das Land von Natur aus viele

Fließgewässer bietet, also in großen Teilen Nordamerikas und Südamerikas, in Mittel- und Nordeuropa und in Neuseeland, ist das Streamerfischen nach ursprünglichem Zuschnitt heute nach wie vor eine überaus populäre Angelmethode. Von Alaska und Yukon bis nach Feuerland spielt der Streamer beim Fliegenfischen auf die großen und zum Teil meerwandernden Salmonidenarten heutzutage eine entscheidende Rolle. Beim Streamerfischen auf Hecht ist es in Nordamerika und kurz danach auch in Teilen Europas (Niederlande, Deutschland, Spanien usw.) zu einer nicht minder interessanten Weiterentwicklung der Fliegenmuster und spezifischer Angeltechniken gekommen. Kreative Fliegenfischer sind ständig „unterwegs zu neuen Ufern", so daß mittlerweile zahlreiche Fischarten wie z. B. Zander, Huchen, Rapfen und Waller in Mittel- und Osteuropa und tropische Raubfische wie Tigerfisch, Dorado, Piranha, Payara und Pfauenbarsche in Übersee zu neuen „Zielfischarten" experimentierfreudiger Streamerfischer geworden sind.

Beim Streamerfischen im Salzwasser ist bislang erst ein kleiner Teil der sich hier bietenden Möglichkeiten erschlossen worden. Wiederum sind es die Amerikaner, die beim Meeresfischen mit Streamertechniken heute vielerorts eine Vorreiterrolle spielen. An vielen Stellen der amerikanischen Ost- und Westküste bietet sich genug Raum für ausgedehntes Experimentieren. An Europas Küsten gewinnt das Fliegenfischen auf Meerforellen in der Ostsee stetig größere Bedeutung. Dabei werden auch Hornhechte und Dorsche mit dem Streamer gelandet. Um die Insel Gotland und im schwedischen Schärengarten angeln seit Jahren auch Fliegenfischer erfolgreich auf Ostsee-Hechte. An Norwegens Küsten wird mit dem Streamer u. a. auf Köhler und Dorsch gefischt. Neue Entwicklungen zeichnen sich beim Streamerfischen ebenfalls für die westirische See auf Arten wie Makrele, Pollack und sogar Blauhai ab. Was die herausragenden Fischarten der tropischen Flachmeer-Gebiete, der „flats", wie z. B. Bonefish, Permit und Tarpon betrifft, was Barrakuda oder die blitzschnellen Räuber des offenen Meeres wie Dolphin, Kingfish, Wahoo, Segelfisch, Marline und Thune angeht, so werden die im Meer darüber hinaus noch möglichen Neuerungen wohl weiterhin vornehmlich in Übersee zu erwarten sein. Dies schließt natürlich eine Beteiligung engagierter und experimentierfreudiger europäischer Fliegenfischer keineswegs aus.

Gerätewahl

Geeignetes Angelgerät für das Streamerfischen muß in erster Linie stabil und verläßlich sein. Eine große Bandbreite von Angelruten und Rollen sowie dazugehörender Gerätschaften ist schnell zusammengekauft, jedoch in den wenigsten Fällen wirklich erforderlich. Nach vielen Jahren Praxiserfahrung teile ich zusammen mit anderen erfahrenen Fliegenfischern die Ansicht, daß man einen großen Teil des Streamerfischens heute weltweit mit Gerät der Klasse 8 gut abdecken kann. Ein Teil meiner eigenen Ruten, Rollen, Schnüre, Schußköpfe usw. inklusive des Ersatzgerätes reduziert sich daher auf diese AFTMA-Klasse (American Fishing Tackle Manufactors' Association = Amerikanische Angelgerätehersteller-Vereinigung). Der unvermeidbare, notwendige „Gerätepark" wird hierdurch immerhin überschaubarer. Auch in bezug auf Ruten, Rollen, Schnüre usw. kann also wieder der Grundsatz gelten: Beschränkung auf das Wesentliche!

Nachfolgend werden Fakten behandelt, die für das Streamerfischen von grundsätzlicher Bedeutung sind. Neben Ruten- und Rollentypen wird auf das Backing und die wichtigsten Fliegenschnüre eingegangen. Einzelne Hinweise, z. B. welche Gerätezusammenstellung jeweils erforderlich ist, finden sich in den Kapitel zu den Fischarten und Angeltechniken.

Einhandruten der Klassen 5/6 und 8/9

Für das Fischen an Bächen, kleinen Flüssen und Teichen mit kleinen Streamern, z. B. auf Forellen und Barsch, ist Gerät der Klasse 5/6 empfehlenswert. Gut geeignet sind schnelle Ruten von 2,50–2,75 m Länge (8,6–9 Fuß) mit Spitzenaktion.

Für das Fischen an Flüssen, Seen und Talsperren mit mittleren oder großen, teils beschwerten Streamern an der Trockenschnur, an der Teeny Line T-300, Cortland Quick Descent 325 oder sinkenden Schußköpfen usw. eignet sich dagegen eine schnelle und rückgratstarke Rute der Wurfklasse 8 weitaus besser. Empfehlenswert sind Ruten von 2,75–3,05 m Länge (9–10 Fuß) mit kurzem Extension Butt. Wird die Rute beim Drill z. B. an der Brust abgestützt, dann erleichtert der Extension Butt am Rutenende das Einkurbeln der Schnur, da die Rolle nun einige Zentimeter vom Körper absteht. Ruten der Klasse 8 decken einen großen Teil des Streamerfischens im Süß- und Salzwasser ab und sind daher häufig ideale Reiseruten. Ihr Einsatzbereich umfaßt u. a. das Streamerfischen auf Zander, Hecht, „Bass", Forellen, Meerforellen, Grilse, verschiedene Saiblingsarten, Pazifiklachse (ohne Königslachs), Tigerfisch, Dorsch, Pollack, Bonefish und kleine Barrakudas. Wenn es also auf mittelgroße Fischarten geht und man sich auf das Wesentliche beschränken will, ist die Rutenklasse 8 die richtige Wahl. Ruten der Klasse 9 bieten noch eine zusätzliche Kraftreserve, wenn es z. B. auf kapitale Hechte, große Steelhead, Dorado, Payara, Permit, kleine Tarpon oder auf Bluefish geht. Wegen der leichten Verstaubarkeit im Auto oder auf Flugreisen (als Handgepäck) bevorzuge ich vierteilige Reiseruten. Ferner achte ich aus Gründen der besseren Haltbarkeit generell darauf, daß der Rutengriff aus hochwertigem Kork besteht.

Einhandruten der Klasse 10 bis 12

Starke Fische erfordern starkes Gerät. Dies ist z. B. beim Einhandfischen auf Königslachs, Taimen, Waller oder auf Meeresfische wie mittelgroße Thunfische, Kingfish, Crevalle Jack, große Barrakudas und Tarpon der Fall. Ohne das entsprechende Rückgrat einer Rute der Klasse 10 bis 12 lassen sich Fische der oben angesprochenen Gewichtsklassen nicht vernünftig drillen, führen und landen. Empfehlenswert sind Rutenlängen von 2,75–2,95 m (9–9,6 Fuß) mit Extension Butt. Ein zweiter Kork-Handgriff auf dem Blank ist bei Tarpon- bzw. Hochsee-Ruten Standard und erleichtert den Drill und die Führung kampfstarker Fische.

Einhandruten der Klasse 13 und darüber

Wenn es beim Hochsee-Fliegenfischen mit dem Großstreamer vom Boot auf die schnellen und gewichtigen Räuber des offenen Meeres geht, ist belastbares Gerät erforderlich. Kampfstarke Wahoos, Segelfische, Marline und Thune erlauben in dieser Hinsicht keinen Fehler. Erforderlich ist eine rückgratstarke, rund 2,60 m lange Fliegenrute der Klasse 13/14 oder ggf. 15, vorzugweise mit überlangem Griffteil oder einem zweiten Handgriff auf dem Blank und mit Extension Butt. Es ist ein verbreiteter Irrtum, daß für die großen Fische generell noch schwerere Ruten nötig sind, die sich überdies nicht gut werfen lassen. Dies ist deshalb von Bedeutung, als beim Fliegenfischen Rekordfische von der International Game Fishing Association (IGFA) nicht anerkannt werden, wenn die Fliege beim Fang vom Boot aus geschleppt wurde. In jedem Fall müssen die Fische z. B. von einem driftenden Boot aus angeworfen werden. Trey Combs landete den Großteil seiner Weltrekord-Großfische mit Ruten der Klasse 13 (Foto 5, S. 33).

Zweihandruten der Klasse 10 bis 11

An mittleren und großen Flüssen kann beim Lachsfischen, z. B. in Skandinavien, Rußland/Kola-Halbinsel, Ostkanada, Schottland und Irland, die Verwendung einer richtig dimensionierten Zweihandrute fangentscheidend sein. Einerseits erlauben Zweihandruten über viele Stunden hinweg ein relativ ermüdungsfreies Werfen, andererseits lassen sich Fliegen damit gut über weite Strecken im Oberflächenfilm führen. Beim Streamerfischen auf Taimen mit Mausfliegen und auf Steelhead usw. kommen deshalb teilweise ebenfalls Zweihandruten zum Einsatz. Empfehlenswert für mittlere Flüsse ist z. B. eine 14-Fuß-Zweihand- (4,27 m) der Klasse 10 und für große Flüsse z. B. eine wurfkräftige 15-Fuß-Zweihandrute (4,57 m) der Klasse 10/11 (Foto 2, S. 33).

Fliegenrollen

Bei der Wahl einer passenden Fliegenrolle sind die Kriterien Verläßlichkeit und Solidität von ausschlaggebender Bedeutung. Spätestens nach einem harten Wildnis-Trip wissen wir genau, was wir in dieser Hinsicht von der einen oder anderen Rolle zu halten haben. In jedem Fall müssen Rute und Rolle im Hinblick auf Gewicht, Größe, Fassungsvermögen und Einsatzbereich gut zueinander passen. Optimal aufeinander abgestimmtes Gerät bildet eine entscheidende Basis für den Fangerfolg beim Fliegen- bzw. Streamerfischen. Vor einem Kauf sollten Sie sich im Zweifelsfall von einem erfahrenen Fliegenfischer bzw. Fachhändler entsprechend beraten lassen. Angesichts der auf dem Markt befindlichen unterschiedlichen Rollentypen kann etwas „Materialkunde" eine wichtige Hilfe sein, die passenden Fliegenrollen ausfindig zu machen.

Welcher Rollentyp kommt in Frage?

Seit es Anti-Reverse- und Direct-Drive-Rollen gibt, wird darüber diskutiert, welches das bessere System ist.

Die **Direct-Drive-Rolle** (Fotos 3 und 5, S. 33) hat den Handgriff in Form eines Kurbel-Röllchens direkt an der Spule. Der Vorteil besteht darin, daß beim Einkurbeln ein direkter Kontakt zum Fisch besteht. Nachteilig ist, daß bei einem Schnurabzug der Handgriff mit der Spule rotiert. Das kann – wenn man den Griff zu lange festhält – dazu führen, daß bei einer plötzlichen schnellen Flucht des Fisches entweder das Vorfach reißt oder der Handgriff auf die Finger schlägt („bone breaker"). Großlachse oder schnelle Meeresfische können auf diese Weise blutig geschlagene Finger verursachen, wenn man nicht aufpaßt. Für viele Anwendungsbereiche des Streamerfischens sind Direct-Drive-Rollen jedoch bestens geeignet. Oft wiegen sie deutlich weniger als eine Anti-Reverse-Rolle mit vergleichbarem Fassungsvermögen.

Die Mehrzahl der Hersteller stattet ihre Rollenmodelle mit verstellbaren Scheibenbremssystemen aus. Eine verläßlich arbeitende Klickbremse, die ein Überlaufen der Spule verhindert, reicht oft jedoch völlig aus. Sie bietet den großen Vorteil, daß kein Fisch durch eine falsch eingestellte Bremse verloren gehen kann. Außerdem kann ein abziehender Fisch durch den sehr fein dosierbaren Druck der Finger auf die Spule, die noch aufgerollte Schnur oder den überstehenden Spulenrand gebremst werden. Diese im Englischen als „rim control" bekannte Methode hat sich u. a. auch beim Drill von großen Marlinen und Thunfischen mit „class tippets" (Vorfächern nach IGFA-Regeln) bewährt.

Die **Anti-Reverse-Rolle** (Foto 4, S. 33) hat den Handgriff an einer Kurbel, die über eine einstellbare Reibkupplung auf die Spule wirkt. Der Vorteil besteht darin, daß bei Schnurabzug die Spule rotiert, ohne daß die Kurbel sich mitdreht. Der Fisch kann den Angler mit einer plötzlichen Flucht nicht überraschen. Der Nachteil liegt darin, daß auf die Schnur keine Kraft ausgeübt werden kann, die größer als die eingestellte Bremskraft ist. Eine Anti-Reverse-Rolle ist zu empfehlen, wenn es auf kräftige und schnellschwimmende Fischarten geht.

Die **Dual-Mode-Rolle** (Foto 6, S. 33) vereint die Vorzüge beider oben genannter Rollentypen, ohne aber deren Nachteile zu haben:

1. Die Kurbel bleibt bei Schnurabzug stehen.

2. Beim Einrollen „unter Last", wie es beim Drill häufig der Fall ist, wird die Kurbel fester an die Spule gekuppelt und kann eine Kraft übertragen, die der einer Direct-Drive-Rolle relativ nahe kommt. Der Kupplungsvorgang bei der Dual-Mode-Rolle erfolgt durch erhöhte Reibung, also „kraftschlüssig". Die Bremskraft kann auch beim Drill über ein unter der Kurbel laufendes Rad reguliert werden. Dieser vom Rollenbauer Karl-Heinz Henschel entwickelte Rollentyp ist gut für das mittlere sowie für das mittelschwere Streamerfischen geeignet. Beim Fischen auf eine ganze Reihe kampfkräftiger Arten des Süß- und Salzwassers hat sich die Dual-Mode-Technik bestens bewährt. Zuverlässigkeit und Stabilität zeichnen diesen Rollentyp aus.

Bei der Wahl des Rollentyps und nicht zuletzt der Rollenmarke entscheiden trotz aller Argumente und Empfehlungen in manchen Fällen lediglich die persönlichen Überzeugungen und Vorlieben. Es gibt deshalb Salzwasserfischer, die nur auf Direct-Drive-Rollen schwören, sowie Forellen- und Atlantiklachsfischer, die beim Angeln auf die Vorzüge einer Anti-Reverse- oder Dual-Mode-Rolle nicht mehr verzichten wollen. Daß allgemeingültige Empfehlungen vor diesem Hintergrund „etwas schwierig" sind, versteht sich von selbst.

Backing

Beim Streamerfischen auf Forellen am Bach, beim Fischen auf Barsch, Döbel und Zander werden wir die Rück- bzw. Nachschnur (Backing) fast nie zu Gesicht bekommen. Hier dient das erforderliche, etwa 15 bis 20 Pfund tragende Backing in erster Linie zum Füllen der Spule und damit zur Vergrößerung des Spulenkerns. Eine Faustregel besagt, daß man mit rund 150 m Backing in etwa 80 % aller Fälle gut gewappnet ist. Auf mittelgroße Rollen, wie sie für Ruten der Klasse 8/9 oder für die Zwei-handruten zum Einsatz kommen, spule ich daher – dem jeweiligen Fassungsvermögen entsprechend – häufig nicht mehr als 150 m ca. 30 Pfund tragendes Backing auf. Ein größeres Sicherheitspolster von ca. 250–300 m 30-Pfund-Backing ist beispielsweise beim Fischen auf große Tarpon und vergleichbare Meeresfische notwendig. Geht es auf Segelfisch, Marline und Thune, dann sollten rund 500 m 50 Pfund tragendes Backing auf die Rolle passen. Empfehlenswert sind wegen ihres geringen Durchmessers dabei vor allem die neu entwickelten Micron-Backingtypen (z. B. von Orvis und Cortland), da mit ihnen mehr Nachschnur auf der Spule untergebracht werden kann.

Fliegenschnüre

Das Angebot umfaßt unterschiedliche Schwimm-Schnüre (Floating), Intermediate-Schnüre (sehr langsam sinkend), Sinktip-Schnüre (nur die Spitze sinkt ab) und Sinkschnüre (langsam bis extrem schnell sinkend); ferner entsprechende Schußköpfe, die meist in Kombination mit einer dünnen Schußleine (Running Line) gefischt werden. Schußköpfe bieten den Vorteil, daß sie je nach Situation durch eine Schlaufenverbindung schnell ausgewechselt werden können.

Darüber hinaus hat sich heute weltweit ein Schnurtyp durchgesetzt, der von Jim Teeny entwickelt wurde und als Teeny T-Serie/Deep & Down oder vom Hersteller Cortland als Quick Descent-Schnur im Handel ist. Es handelt sich bei diesen Schnüren vom Prinzip her um eine fertige Kombination aus einem schnell sinkenden Schußkopfteil und einer dünnen, schwimmfähigen Schußleine. Die T-Serie ist von 130 bis 500 grains, die Quick Descent von 225 bis 625 grains im Handel (1 grain = 0,0648 Gramm). Die vorgenannten Schnüre finden heute überall dort breite Anwendung, wo Fliegen- oder Streamermuster tief angeboten bzw. sehr schnell auf Tiefe gebracht werden müssen. Auch beim Schleppfischen mit dem Streamer und beim Hochsee-Fliegenfischen haben sie sich bewährt.

Meistens wird man beim Streamerfischen mit einer passenden Schwimmschnur sowie einer passenden Teeny-T-Serie- bzw. Quick-Descent-Schnur oder entsprechenden Sink-Schußköpfen bestens gerüstet sein. Ich fische mit rückgratstarken Ruten der Klasse 8 zum Beispiel die Deep & Down/T-300 oder die Quick-Descent 325, die ich aus Gründen des besseren Handlings an der Spitze immer um etwa 1,50 m einkürze. Darüber hinaus kann die Verwendung einer nur leicht einsinkenden Intermediate- oder Stillwater-Schnur (durchsichtige Fliegenschnur, z. B. Mastery) überall dort wichtig sein, wo wir den Streamer nahe der Wasseroberfläche anbieten wollen. Der Mantel herkömmlicher Schnüre wird unter tropischen Bedingungen weich und klebt in den Ringen. Spezielle Salzwasser-Fliegenschnüre, die z. B. auf Bonefish, Permit und Tarpon zum Einsatz kommen, weisen daher eine harte Oberfläche auf. Härtere, geflochtene Running Lines eignen sich hier beim Einsatz von Schußköpfen. Fliegenschnüre bedürfen von Zeit zu Zeit der Reinigung mit einem Reinigungsmittel, um die Schußeigenschaften zu erhalten. Beim Salzwassser-Fliegenfischen sollte man täglich die Schnüre reinigen.

End-Schlaufen und wichtige Knoten

Um die Fliegenschnur mit dem Backing oder einen Schußkopf mit der Running Line zu verbinden, haben sich End-Schlaufen bewährt. Darüber hinaus statte ich die Spitzen meiner Schnüre bzw. Schußköpfe mit einer Schlaufe aus, um hier mit einem Clinch-Knoten das Vorfach anzuknoten. Diese probate Lösung ist mit wenig Aufwand herzustellen (Abb. 12 a–d). Von Zeit zu Zeit sollten wir die Schlaufen an den Schnur- oder Schußkopf-spitzen usw. auf etwaige Abnutzungserscheinungen kontrollieren. Der Clinch-Knoten und der Orvis-Knoten werden in Abbildung 13 erläutert, ferner der Chirurgen-Knoten (z. B. wichtig für das Anbinden einer neuen Vorfach-Spitze) und der Homer Rhode Loop Knot – ein zuverlässiger Knoten, um Streamer an Stahlseide anzubinden.

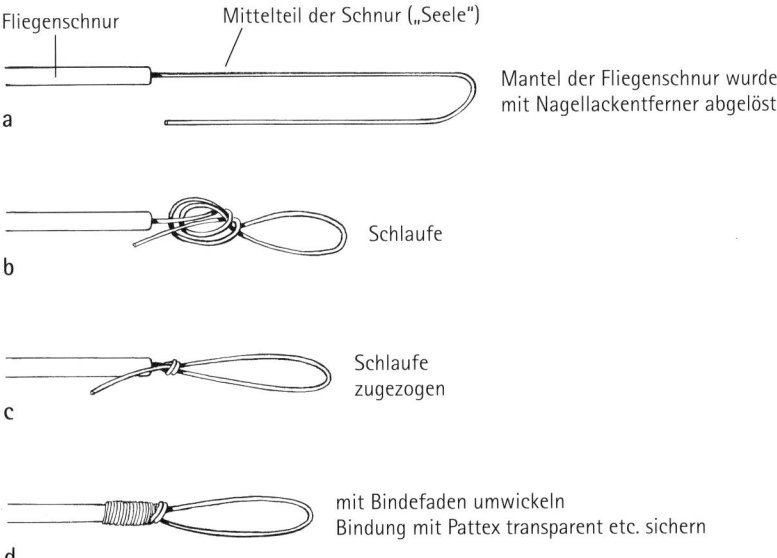

Abb. 12 a–d: Herstellung einer Schlaufe, die am Anfang und am Ende der Fliegenschnur nützlich ist.

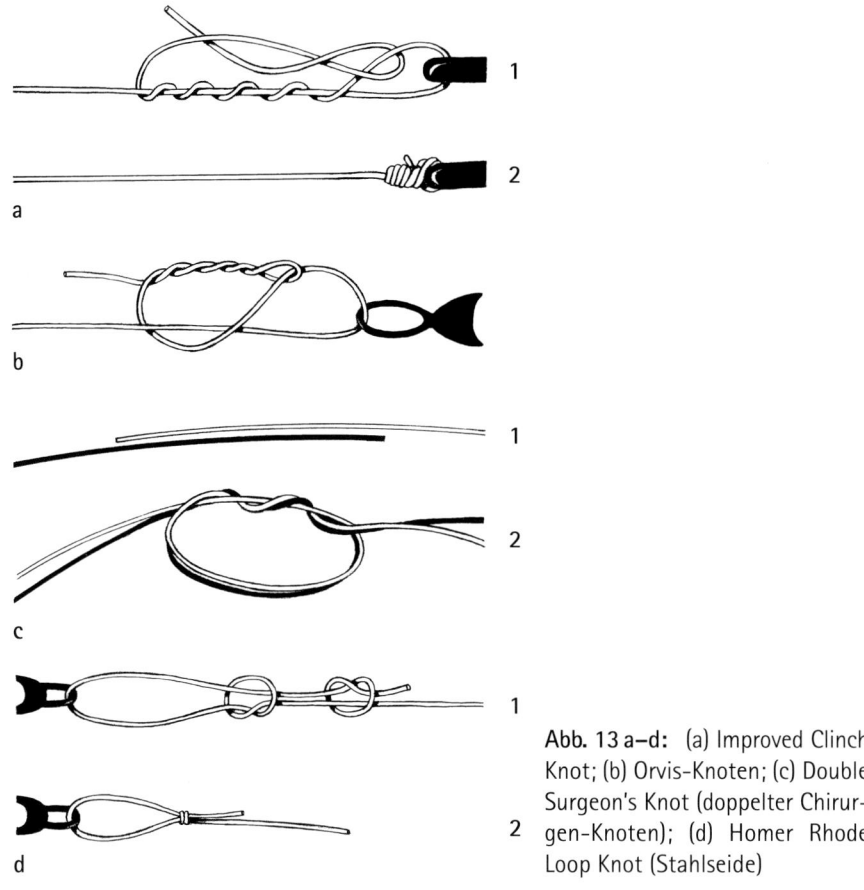

Abb. 13 a–d: (a) Improved Clinch Knot; (b) Orvis-Knoten; (c) Double Surgeon's Knot (doppelter Chirurgen-Knoten); (d) Homer Rhode Loop Knot (Stahlseide)

Ergänzende Ausrüstung und allgemeine Hinweise

Die Streamer- und Angelgerätschaften, wie Ruten, Rollen, Schnüre usw., bilden den Kern der Ausrüstung. Ferner ist je nach Art der Fischerei ergänzendes Equipment notwendig. Nachfolgend dazu ausgewählte Beispiele und Hinweise.

Polarisationsbrille

Eine gute Pol-Brille ist für das Streamerfischen überaus wichtig. Sie nimmt einen großen Teil der Wasserspiegelung weg und versetzt uns in die Lage, sicherer zu waten und Fische frühzeitiger zu erkennen. Darüber hinaus werden die Augen vor Sonnenstrahlung und „fliegenden Haken" geschützt. Für Brillenträger lohnt sich die Anschaffung einer Polarisationsbrille mit geschliffenen Gläsern (Optiker-Fachhandel, s. Anhang). Die Mitnahme einer Ersatz-Polbrille ist u. a. bei Fernreisen sehr empfehlenswert.

Watzeug

Reichen beim Fischen Watstiefel aus, so ist man mit strapazierfähigen Naturkautschuk-Stiefeln gut gerüstet. Sie erweisen sich auch im harten Einsatz als dauerhaft und relativ unempfindlich gegenüber spitzen Ästen und scharfem Fels. In der prallen Sonne – z. B. im Auto – sollte man sie nicht liegenlassen, denn dies verkürzt ihre Lebensdauer. Wenn bei Wildnis-Angeltouren weite Anmarschwege im Gelände erforderlich sind, werden Watstiefel existentiell, denn eine Wathose verwandelt sich rasch in eine „tragbare Sauna", wenn es über Stock und Stein geht. Für den Wintereinsatz sind Naturkautschuk-Watstiefel mit Neopren-Fütterung komfortabel. Neopren-Watstiefel ohne eine Naturkautschuk-Außenschicht haben dafür weniger Gewicht, was bei Fernreisen wichtig sein kann.

Überall dort, wo wir bis zur Hüfte/Brust ins Wasser müssen, ist das Tragen einer Wathose notwendig. Neopren-Wathosen sind auf Grund ihrer guten isolierenden (warmhaltenden) Eigenschaften sehr weit verbreitet und empfehlenswert. In Verbindung mit geeigneter (Fleece-)Unterbekleidung und einer guten Regen-Watjacke kann man damit Wind und Wetter längere Zeit trotzen. Eine Kombination aus Neopren-Wathose, Regenjacke und Schwimmweste ist ferner für Tagestouren mit dem Boot in Mitteleuropa (im Frühjahr, Herbst, Winter) oder in nordischen Ländern (inkl. Kanada, Alaska, Sibirien, Patagonien) zu empfehlen. Darüber hinaus gibt es atmungsaktive, leichte Wathosen (aus Goretex, Ventflex etc.). Man schwitzt damit beim Anmarsch ans Gewässer oder beim Poolwechsel unter Umständen weniger. Der Nachteil: geringere Isolation im kalten Wasser, daher ist wärmere Unterbekleidung nötig. Ein in Hüfthöhe über der Wathose getragener **Watgürtel** bietet zusätzliche Sicherheit. Er soll verhindern, daß die Wathose schnell vollläuft, wenn von oben Wasser eindringt. Bei Wathosen und Watstiefeln sind gelegentlich Löcher und Risse zu flicken. Zur Ausbesserung von Leckstellen sollte man immer einen **Universal-Kleber** im (Tages-) Gepäck haben, z. B. eine Tube Aquaseal.

Beim Watfischen in tropischen Meeren, wie in den Flats der Karibik, haben sich Neopren-Watschuhe als geeignet erwiesen. Alternativ lassen sich die Füße z. B. mit leichten Turnschuhen schützen, bei Bedarf auch in Kombination mit Neopren-Füßlingen gegen den feinen Korallensand.

Fliegenweste mit Lebensrettungsfunktion

Eine Fliegen-/Watweste, die sich in Notsituationen automatisch aufbläst oder auch manuell betätigt werden kann, gehört vor allem beim Waten im tiefen Wasser zu den wesentlichen Ausrüstungsbestandteilen. Nach EU-Sicherheitsbestimmungen gefertigt, trägt sie Personen bis 200 kg. Sie sollte so konstruiert sein, daß sie eine Person automatisch in Rückenlage bringt und mit dem Kopf über Wasser hält. Tiefes Waten kann ohne Sicherheits-Weste mit eingearbeitetem Auftriebskörper (Foto 7, S. 34) lebensgefährlich werden.

Zusammenlegbarer Watstock

Beim Waten in starker Strömung, auf felsigem Untergrund oder in angetrübtem oder dunklem Wasser sollte man zur eigenen Sicherheit auf einen Watstock zurückgreifen, der als „drittes Standbein" verläßlichen Halt bietet. Empfehlenswert ist z. B. ein zusammenlegbarer, mehrfach unterteilter Aluminium-Watstock, der in einer Gürteltasche am Watgürtel getragen werden kann und bei Bedarf blitzschnell einsatzbereit ist.

Stripping Basket

Ein Schnurkorb oder „stripping basket" wird in Gürtel- oder Brusthöhe umgeschnallt. Die Schnur wird beim Einstrippen in Klängen in den Korb abgelegt. Er ist überall dort von Vorteil, wo man die Leine frei und ungehindert schießen lassen will, und er hilft, lose Schnur besser zu kontrollieren.

Belly Boat, Pontoon Boat, Kickboat

Als mobile Alternative zu Angelbooten ist in den Vereinigten Staaten das aufblasbare Belly Boat (Foto 8, S. 34) entwickelt worden. Es kommt vornehmlich auf stehenden Gewässern zum Einsatz und wird zusammen mit einer Wathose und kurzen Schwimmflossen eingesetzt. Insbesondere wegen aufkommenden Windes, Nebels und Strömungen darf der Einsatz auf größeren Gewässern nur unter sachkundiger Führung und größtmöglichen Sicherheitsvorkehrungen erfolgen. Die Flossen sollten jeweils mit einer Schnur am Fuß zusätzlich gesichert werden, damit man sie im Wasser nicht verliert.

Eine Weiterentwicklung stellen die sogenannten Pontoon-Boote dar, die dem Fischer neue Dimensionen der Fluß- und Seenfischerei eröffnen sollen. Charakteristisch sind ihre zwei katamaranähnlichen, aufblasbaren Schwimmkörper. Mit dem Pontoon-Boot sind mehrtägige Exkursionen auf Flüssen und Seen möglich. Die Fortbewegung erfolgt mit kurzen Rudern oder mit Flossen. Der Sitz – und damit die Wurfposition – ist höher als beim Belly Boat, und es ist mehr Stauraum vorhanden. Das Kickboat bzw. „Float Cat" verfügt ferner über zwei katamaranförmige luftgefüllte Plastik-Schwimmkörper, die nicht aufgeblasen werden müssen.

Das Landen von Fischen

Wenn der Drill eines guten Fisches dem Ende entgegengeht, kommt der Moment der Landung. Hierbei stehen unterschiedliche Hilfsmittel und Methoden zur Verfügung.

Der Kescher

Keschertyp und -größe müssen der Art der Fischerei angepaßt sein. Bestimmte Watkescher reichen beim Streamern auf kleine bis mittelgroße Fische völlig aus. Oft verwende ich einen faltbaren, in eine Gürteltasche passenden Watkescher. Nach der Herausnahme und einer kräftigen Handbewegung öffnet er sich und kann nach Gebrauch wieder ineinandergedreht im Futteral verstaut werden. Eine bequeme Lösung, da dieser Keschertyp nicht am Körper herumbaumelt. Empfehlenswert sind auch die mit einem knotenlosen Nylon-Softnetz ausgestatteten Watkescher, welche die empfindliche Schleimschicht des Fisches besser schützen.

Beim Meerforellenfischen an der Küste ist ein großer, schwimmfähiger Kescher mit Neopren-Handgriff und großen Netzmaschen praktisch. An einer großen Schlaufe kann er umgehängt, im Wasser über Tang etc. nachgezogen und für die Landung eines Fisches schnell zur Hand genommen werden. Ein Bootskescher sollte ebenfalls groß und stabil sein und ein Landenetz aus weiten Maschen haben, da bei engmaschigen Netzen der Strömungsdruck (vom treibenden Boot) eine Landung sehr erschweren kann! Grundsätzlich sollte ein Fisch nur gekeschert werden, wenn er „Weiß" zeigt – also ausgedrillt ist. Das Landenetz muß vorsichtig eingetaucht und unter den Fisch geführt werden. Es sollte am Netzrahmen hochgehoben werden und nicht ruckartig mit dem Ende des Kescherstiels, der dann brechen kann!

Der Tailer

Die Schwanzschlinge oder „tailer" eignet sich z. B. für die Landung von großen Salmoniden (Lachsen, Forellen), deren Schwanzflossenansatz so gebaut ist, daß er nicht durch eine zugezogene Schlinge rutschen kann. Der Tailer kann nur eingesetzt werden, wenn er vorher gespannt worden ist. Bei dem von der Fa. Hardy gelieferten Modell bedeutet dies, daß wir die aus mehreren rostfreien Stahldrähten gedrehte Schlinge zuerst oben aus der Griffstange herausziehen und gebogen bis zu einer flachen Nut auf dem Stabende unter Spannung aufschieben müssen (Abb. 14). Zeigt der Fisch „Weiß", so wird die Schlinge des Tailers hinter dem Fisch ins Wasser getaucht. Man führt die Drahtschlinge von hinten über die Schwanzflosse und die Schwanzwurzel hinweg – bis kurz hinter die Rückenflosse des zu landenden Fisches (Abb. 15). Nun wird die Griffstange mit einem schnellen, kräftigen Ruck hochgerissen. Hierdurch zieht sich

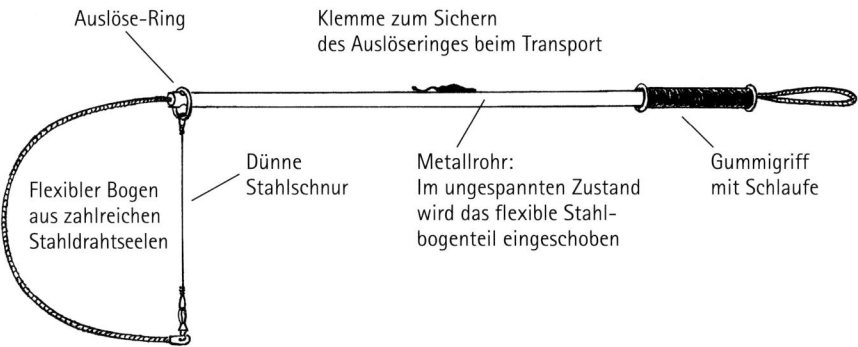

Abb. 14: Der Tailer im einsatzbereiten, gespannten Zustand

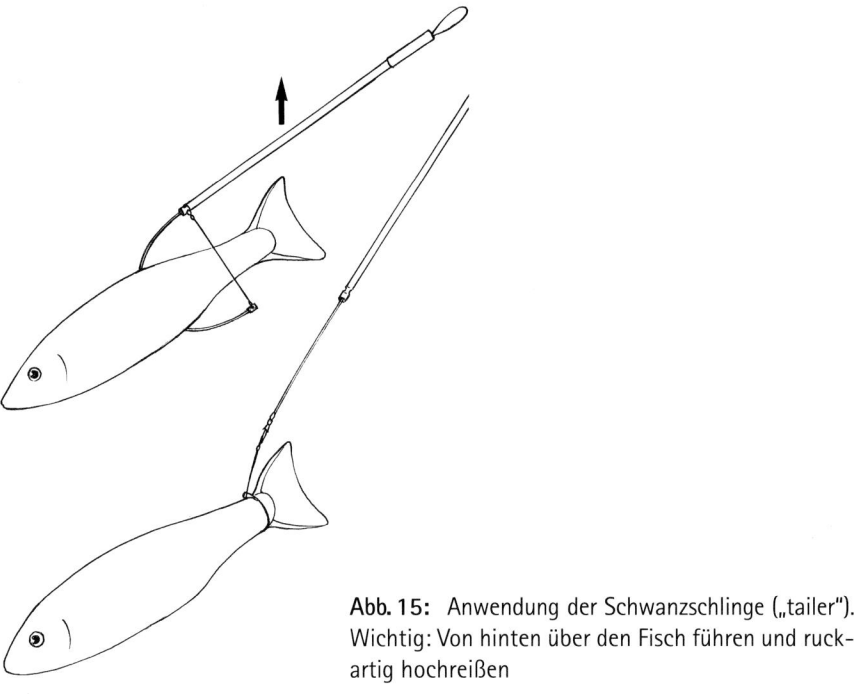

Abb. 15: Anwendung der Schwanzschlinge („tailer"). Wichtig: Von hinten über den Fisch führen und ruckartig hochreißen

die Schlinge blitzschnell zu. Sie umfaßt den Fisch an der Schwanzwurzel, so daß er ans Ufer gezogen bzw. gehoben werden kann. An steilen und felsigen Gewässerufern gibt es mit Ausnahme des Keschers keine Form der Landung, die sicherer wäre. Auch die Landung großer Hochseefische geht mittels einer Schwanzschlinge (z. B. aus einem kräftigen Seil) besser von der Hand.

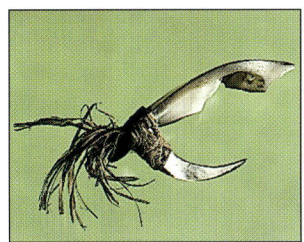

Foto 1 Primitiver Angelhaken aus Perlmutt mit Bastbüscheln von den Marshall-Inseln (Mikronesien), im Deutschen Jagd- und Fischereimuseum München

Foto 2 Ein 12 kg-Atlantiklachs aus der norwegischen Gaula, gelandet mit einer 15-Fuß-Zweihandrute (4,57 m) und alter Direct-Drive-Rolle mit Klickbremse

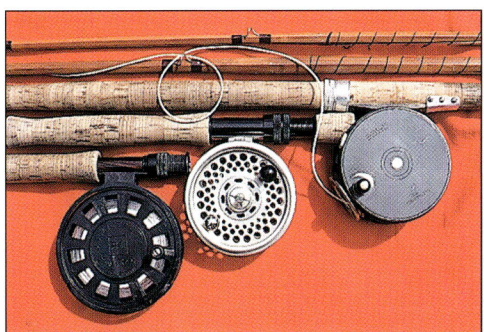

Foto 3 Verschiedene Direct-Drive-Rollen; hier z. B. die at-Rolle mit großem Spulenkern, die salzwasserfeste SteelFin Vario 8 und eine 33 ³/₄ Hardy Perfect-Lachsrolle

Foto 4 Eine Anti-Reverse-Rolle an einer Rute der Klasse 8 mit frischem Coho-Lachs (Alaska)

Foto 5 Trey Combs mit einem Gestreiften Marlin. Ruten ab Klasse 13 und größte Fliegenrollen wie die SteelFin-Abyss bewähren sich beim Drill solcher Fische.

Foto 6 Dual-Mode-Rolle an Gerät der Klasse 10 mit frisch gelandetem Barrakuda (Bimini/Bahamas)

Foto 7 Eine Sicherheitsweste mit eingearbeitetem Auftriebskörper kann beim Fischen zum Lebensretter werden.

Foto 8 Fischen mit dem Belly Boat

Foto 9 Landung eines Barrakuda mit dem Nackengriff

Foto 10 Landung eines Wolfsbarsches durch Festhalten des Unterkiefers

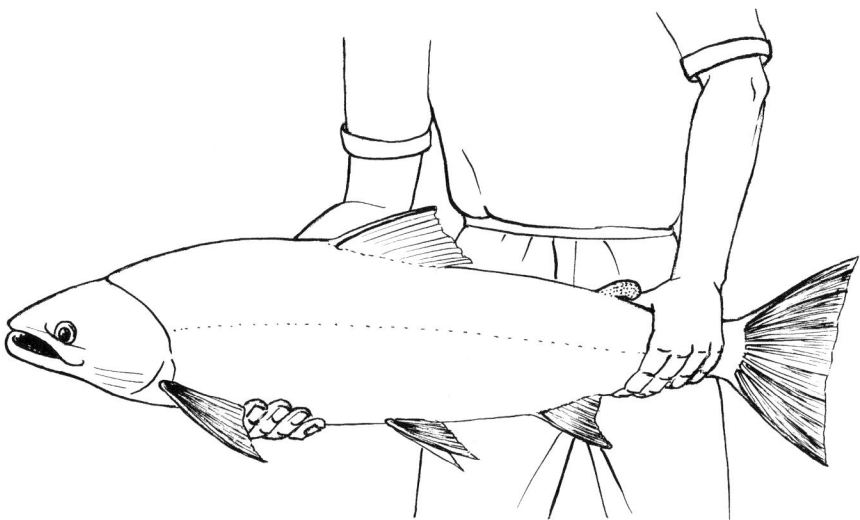

Abb. 16: Schwanzwurzelgriff („hand tailing") und ergänzendes Unterfassen schwerer Fische

Der Schwanzwurzelgriff

Die Handlandung (engl.: „hand tailing") mit dem Schwanzwurzelgriff wird in erster Linie beim Atlantiklachs und bei Pazifiklachsen angewendet, deren Schwanzwurzel bei festem Zugriff nicht durch die Hand rutschen kann. Für eine derartige Landung ist eine flache Uferpartie am besten geeignet. Langsam weiter vom Ufer zurückgehend, zieht man mit steil aufgerichteter Rute den ausgedrillten Fisch an eine flache Sand- oder Kiesbank. Der Fisch wird „gebeacht" (gestrandet, von engl. to beach = auf den Strand ziehen). Wir drillen den Fisch dazu mit dem Kopf bis aufs Ufer und gehen mit seitwärts gehaltener Rute – die Schnur dabei rasch einkurbelnd – zurück zur Landestelle. Jetzt umfassen wir sehr fest die Schwanzwurzel, heben den Fisch an und tragen ihn an Land. Bei kapitalen Fischen muß man die Rute ablegen und mit der zweiten Hand den Fischleib noch zusätzlich unterfassen (Abb. 16).

Kiemen- und Nackengriff

Bei der Landung ausgedrillter großer Hechte wird bisweilen der Kiemengriff (von unten in die Kiemenspalte) angewendet. Diese Methode sei nur dann angeraten, wenn der Fisch entnommen werden soll und ein tauglicher Kescher etc. nicht zur Verfügung steht. Schnell können dabei sowohl die Kiemen des Fisches, als auch die Finger bzw. Teile der Hand verletzt werden. Ausgedrillte mittelgroße Hechte, Barrakudas und andere Fischarten lassen sich darüber hinaus auch mit dem Nackengriff (von oben hinter die

Kiemendeckel) aus dem Wasser heben (Foto 9, S. 34). Ergänzend kann mit der anderen Hand noch die Schwanzwurzel umfaßt werden.

Um sicherer zugreifen zu können, haben sich bei der Landung Handschuhe mit rutschfesten Gumminoppen bewährt, wie sie z. B. im Gartenfachhandel oder für Waldarbeiter angeboten werden. Derartige Handschuhe sind auf einem Big Game-Boot ebenso wie auf kleinen Booten, wie sie auf den karibischen Flats üblich sind, bei der Landung von Fischen gut zu gebrauchen.

Barsch- und Wallergriff, Landung von Schwertfischarten

Es gibt einige Arten, deren Kiefer nur mit kleinen Zähnchen besetzt sind und die insbesondere vom Boot oder Belly Boat durch einen Griff ins geöffnete Fischmaul gelandet werden können. Bei kleinen Exemplaren fühlen sich die Innenseiten der Kiefer rauh wie Sandpapier an. Bei Barscharten (z. B. Flußbarsch, Forellen- und Schwarzbarsch, Wolfsbarsch) greift man mit dem Daumen auf bzw. hinter den Unterkiefer (Foto 10, S. 34). Auch ein Wels kann auf diese Art und Weise gelandet werden. Es empfiehlt sich, dabei einen festen Handschuh zu benutzen. Bei großen Wallern wird der Unterkiefer mit beiden Händen fest umgriffen.

Bei der Landung von Schwertfischarten (Marline, Segelfische usw.) hat sich das Festhalten und Heranziehen des Schwertes (engl.: „to bill" the fish) bewährt. Voraussetzung sind rutschfeste Handschuhe und körperliche Fitneß.

Abschließend noch einige Hinweise für Fernreisen:

Gepäck

Wer sich mit übermäßig vielen Gepäckstücken abschleppt, den nennen die Indianer Nordamerikas treffend „Mensch mit den tausend Taschen" ... Derartigem Spott können wir durch eine Beschränkung auf die wirklich notwendigen Dinge beim Packen und durch eine sinnvolle Reduzierung der Gepäckstücke vorbeugen. Empfehlenswert sind z. B.:

1. ein stabiler wasserdichter Seesack (zu beziehen z. B. in US-Shops) oder aber eine große Reisetasche – vorzugsweise zum Ziehen mit stabilen Rollen. Koffer erweisen sich in kleinen Flugzeugen, Helikoptern, in Booten oder Geländewagen als sperrig und unpraktisch;
2. ein Tagesrucksack als Handgepäck, in dem z. B. die Papiere/Tickets, Fotomaterial/Filme, Reiselektüre, einige Rollen, Schnüre bzw. Schußköpfe, Fliegendosen und ein Teil wichtiger Kleinteile untergebracht werden können;
3. ein kurzes Rutenrohr bis ca. 1,10 m Länge als zweites Handgepäck für drei- oder vierteilige Reise-Ruten.

Für den Transport zweiteiliger oder langer dreiteiliger Ruten kann ein zusätzliches großes Rutenrohr von etwa 1,60 m Länge sinnvoll sein, das aber beim „Check in" aufgegeben werden muß. Da derartige Rutenrohre bei Stichproben vor der Herausgabe häufig geöffnet und kontrolliert werden, sollten sie nur mit Textilband o. ä. verschlossen sein, um Beschädigungen (z. B. durch das Abschlagen kleiner Vorhängeschlösser) vorzubeugen.

Tagesgepäck

Auf Bootstouren oder Tagestouren mit dem Geländewagen, Flugzeug, Helikopter usw. hat sich die Mitnahme von drei Gepäckstücken als ausreichend erwiesen:

1. ein Tagesrucksack, z. B. für Fliegendosen, Rollen, Fliegenschnüre, Vorfachmaterial, notwendige Kleinteile, Geld, Getränke, Lunchpaket und alle Dinge, die in der Fliegenweste, Gürtel- oder Brusttasche nur Ballast wären;
2. ein wasserdichter, stabiler Packsack (im Outdoor-, Kanu- bzw. Bootsbedarf zu beziehen) zum Verstauen der Foto- oder Video-Ausrüstung, der Filme sowie zusätzlicher Kleidung wie Regenjacke, T-Shirts (Tropen) oder Fleece-Bekleidung/-Pullover (nördliche Länder);
3. Ruten und Ersatzruten, ggf. bruchsicher im kurzen Ruten-Transportrohr verstaut.

Fotoausrüstung

Als Schutz gegen veraltete oder defekte Gepäck-Durchleuchtungsgeräte verpacke ich meine Filme generell in durchleuchtungssicheren Filmbeuteln (im Fotohandel z. B. von Hama zu beziehen). Bei der Kameraausrüstung ist ferner an folgende Dinge zu denken: Ersatzbatterien für Kameras und Blitzgeräte, Zweit-/Ersatzgehäuse bei Spiegelreflex-Kameras, Anzahl der Objektive auf das Wesentliche beschränken (z. B. ein Normal- und ein Teleobjektiv oder gewichtssparende Zoom-Objektive), UV-Skylight-Filter als Objektivschutz, Pol-Filter für Karibiktouren etc. Eine zusätzliche kleine, automatische Sucherkamera (wasserdichte Ausführungen im Fachhandel verfügbar) paßt in jede Fliegenweste und ist daher ebenfalls zu empfehlen.

Noch ein Wort zum Fotografieren von Fischen. Es wird bisweilen genau darauf geachtet, ob Fische, die wir nicht entnehmen, für ein Foto nur kurz aus dem nassen Element gehoben werden (in diesem Fall sehen wir auf dem Bild später das abtropfende Wasser), oder ob die Kreatur übermäßig lange leiden mußte. Selbstbeschränkung und Achtsamkeit sind also gefragt.

Sonnenschutz

Wasserflächen reflektieren die Sonnenstrahlen und erhöhen das Sonnenbrand-Risiko. Sonnenschutzcreme/-milch mit ausreichendem Schutzfaktor (UVA/B-Filter) gehört deshalb in das Tagesgepäck. Für tropische Gebiete,

Neuseeland, Patagonien etc. rate ich zu Faktor 26 bis 30. Empfehlenswert ist ferner ein breitkrempiger Hut (schützt die Ohren vor Sonne und Streamerfliegen ...) oder eine Schirmkappe – ggf. mit Nackenschutz.

Mückenmittel

Gegen Stechmücken, Bremsen, Kriebelmücken und die winzigen „Midges" (in den Staaten heißen sie: „no see them" – man sieht sie nicht ...) gibt es unterschiedliche Schutzmittel, die im Falle des Falles die Laune und Fischerei retten können. Wer auf Chemie verzichten will, kann zu Mückenkopfnetz, stichdichter Kleidung und Handschuhen greifen. Ansonsten bleiben uns diverse Mückenmittel zum Einreiben oder in Sprayform. Wir sollten diese Mittel möglichst sparsam verwenden und sie möglichst nicht mit der übrigen Ausrüstung in Berührung kommen lassen, da einige von ihnen z. B. PVC beschädigen können.

Kleines Reparaturset und Ersatzgerät

Ein kleines Wartungs- und Reparaturset, dessen Zusammensetzung mit dem verwendeten Angelgerät korrespondieren sollte, gehört ins Reisegepäck. Zu bedenken sind dabei z. B.: Spitzenringe, Rutenringe, Bindeseide, Leatherman's Tool oder eine Zange und ein kleiner Schraubenzieher, Heißleim, Pattex transparent, Gewebe-Klebeband, Öl und Rollenfett. Nach dem Fischen im Salzwasser sollte das Gerät gut mit Süßwasser abgespült werden. Rollen, Fliegen, Fliegendosen etc. lege ich zur Entsalzung in lauwarmes Süßwasser, um Korrosion vorzubeugen. Wichtiges Gerät (Ruten, Rollen, Schnüre) sollte mehrfach vorhanden sein. Fernab der Zivilisation wirken sich Materialbrüche, defekte Rollen usw. ansonsten fatal aus. Ersatzgerät gehört auch ins Tagesgepäck.

Kleines Fliegen-Bindeset für die Reise

Wenn man sein „Not-Bindezeug" zu Hause gelassen hat, wird man es im Urlaub teilweise schmerzlich vermissen. Aus Gewichtsgründen sollte man auf einen leichten Reise-Bindestock ausweichen. Je nach Art der Fischerei ist eine kleine Auswahl an Haken und verschiedenen Bindematerialien erforderlich. Etwas Bindeseide, farbloser Binde- oder Nagellack und eine kleine Schere runden das Reise-Bindeset ab.

Nichtsalmoniden

Streamerfischen auf Hecht

In Gewässern Irlands und Nordamerikas

Mit dem Boot driften wir langsam über die mit Laichkraut bestandene Scharkante eines der vielen irischen Seen im Gebiet von Bundoran-Kinlough hinweg. Wo die Ufer der Bucht zum Seegrund abfallen, stehen jetzt im Juli in zwei bis drei Metern Wassertiefe starke Hechte. Hier lauern sie in guter Deckung auf Barsch und „Brown Trout". Das Wetter ist fast windstill, sonnig und warm. Ich bin mit dem Biologen Dr. Klaus Bauer unterwegs, der die Seen dieser Region wie seine Westentasche kennt. Wir sitzen uns im Boot mit Einhandrute und Streamer gegenüber, einer im Bug und einer auf der Heck-Sitzbank am abgestellten Motor. So hat jeder genug Raum zum Werfen. Ein kaum merklicher Luftzug sorgt für eine langsame Drift. Solche Tage sind hier ideal für das Streamerfischen auf Hecht. Vom Doppelzug unterstützt, sind wenige Vor- und Rückschwünge nötig – dann lassen wir den orangefarbenen „Bunny Bug" (Foto 12, S. 51) nach vorn schießen. Bei Bedarf kann man den Streamer z. B. über einem dichten Krautfeld knapp unter der Wasseroberfläche führen, wenn er unmittelbar nach dem Einwurf eingestrippt wird. Wo wir jetzt driften, ist aber tiefes Fischen erforderlich. Mit der schnellsinkenden Schußkopf-Schnur lassen wir den Streamer zwischen den Laichkrautstengeln absinken – hinunter zu den Einständen der großen irischen Hechte. Das Boot treibt langsam auf die Einwurfstelle zu. Der Streamer ist im dunklen Wasser längst nicht mehr zu sehen. Dann beginne ich mit dem Einstrippen. Bewährt hat sich eine reißend schnelle Führung der „Hechtfliege". Dabei kann der Streamer mit der Rute zusätzlich beschleunigt werden, denn der Hecht ist im Sommer an flinke Beute und schnelles Zufassen gewöhnt. Trotzdem bleiben immer noch kurze Intervalle, in denen der Streamer für einen Augenblick im Wasser quasi stehenbleibt. Und mancher Hecht nimmt genau in diesem Moment die Fliege.

Plötzlich sehe ich in der Tiefe eine Bewegung, ein kurzes Aufleuchten einer großen Flanke. Im selben Augenblick erfolgt der Biß. Er kommt einem „Überfall" auf den Streamer gleich. Die Rute krümmt sich zum Halbkreis, als sich der Fisch in Bewegung setzt (Foto 11, S. 51). Das Tauziehen hat begonnen. Wir rudern kräftig, dennoch dauert es insgesamt rund 25 Minuten, bis der Hecht nach etlichen Fluchten über den großen Rundkescher geführt werden kann. Langsam heben wir die Netzmaschen an, und der Großhecht – wunderschön grüngrau getigert – ringelt sich hinein. Ein irischer Seen-Hecht mit Gardemaß!

Bei der folgenden Drift höre ich gerade noch einen begeisterten Kommentar über die Lebendigkeit dieser „Fliegen", da kommt kurz vor dem Boot ein Hecht aus der Tiefe herauf und holt sich den orangen Streamer direkt vor dem Boot dicht unter der Wasseroberfläche. Mit einem Schwall verschwindet der „Bunny Bug" im großen Hechtmaul. Dann geht der Fisch auf Tiefe. Nach fulminantem Drill lösen wir ihn vom Streamer. Insgesamt landen und „releasen" wir 13 Hechte in zwei Stunden. Ein derart erfolgreiches Hechtfischen vergißt man nicht so schnell. Doch es ist klar, daß viele günstige Bedingungen an jenem Sommernachmittag zusammenkamen und solche Ergebnisse nicht laufend reproduzierbar sind.

Dennoch – die Vorteile dieser Art der Fischerei sind immens, denn der Streamer kann genau dort zwischen das Kraut sinken, wo ein Schleppangler im Sommer niemals effizient fischen könnte. Selbst in Seen, in denen immer wieder geangelt wird, trifft man mit dieser Methode fast gezielt auf große Hechte, die jedoch zeitweise beharrliches Fischen erfordern. Viele einstmals berühmte irische Hechtgewässer haben arg gelitten. Doch es gibt noch einige Seen mit starken Hechtbeständen. Hierzu gehören z. B. die Seen im Gebiet von Bundoran-Kinlough, aber auch der im County Mayo gelegene Lough Mask, der für seine Großhechte bis über 40 Pfund berühmt ist. Ein Eldorado für Streamerfischer, wenn der Wettergott mitmacht ... (Foto 13, S. 51).

Darüber hinaus ist in einigen Naturgewässern Nordamerikas (z. B. in Yukon/Kanada) heute noch eine Hechtdichte vorhanden, daß uns fast die Sinne schwinden. Wenn ab Juli bis September hier das Wetter windstill und sonnig ist und die Beißlaune der Hechte mitspielt, dann kann man eine unvergleichlich gute Streamerfischerei vom Boot und stellenweise sogar vom Ufer aus erleben. Im kanadischen Yukon-Territorium gehören u. a. der Dezadeash Lake, der Canyon Lake und der Frederick Lake zu diesen Ausnahme-Gewässern für Streamerfischer. Die Hechte stehen im Sommer nach der Laichzeit teils in ähnlichen Einständen wie in europäischen Hechtseen. Zu den „hot spots" zählen vor allem die Laichkrautfelder. Stellenweise sieht man mehrere Großhechte auf relativ engem Raum im

Kraut stehen. Da die Gewässer recht klar sind und die Hechte auf silbrige Renken und Äschen jagen, sind orange oder gelbe „Bunny Bugs" oder ein glitzernder „Luzi"-Streamer eine gute Wahl (Fotos 12, 14 und 15, S. 51). Es gibt in Yukon übrigens ein Gericht, für das es sich zu leben lohnt: fangfrisches Hechtfilet in Bierteig auf dem Lagerfeuer gebacken. Wenn Hardy Ruf am Dezadeash Lake die gußeiserne Pfanne zum Hechtfischen mit ins Boot packt, dann steht nicht nur gutes Fischen, sondern auch ein kulinarischer Hochgenuß bevor. Yukon-Hechtfleisch ist absolut delikat – kein Vergleich mit dem, was man hier kennt. Am Feuer bleibt viel Zeit für Hechtfischer-Geschichten, z. B. bei einem heißen Kaffee mit viel cremigem Baileys. Dies alles macht den großen Reiz des Fischens aus, wenn man sich dafür etwas Zeit nimmt.

In heimischen Gewässern

In Seen und Teichen stehen viele Hechte im Frühjahr im Flachen. Je wärmer das Wasser wird, desto häufiger werden große Hechte in tieferen Gewässerabschnitten gefangen. Typische Standplätze sind Seerosen- und Laichkrautfelder, Seebinsen- und Schilfgürtel, Scharkanten sowie abfallendes Ufer an Inseln, Steilwänden und Staumauern.

In Flüssen bevorzugen Hechte die ruhigen Gewässerstellen. Sie stehen gerne in guter Deckung und nicht selten in Ufernähe. Sie sind perfekte lauernde Jäger, die ihr Opfer meist mit einem blitzschnellen Angriff überraschen. Altarme und Buchten mit Seerosen- und Laichkrautfeldern bieten ihnen gute Einstände, ebenso Röhrichte, untergetauchtes Astwerk und überhängende Sträucher. Einmal plazierte ich einen Hechtstreamer mit einem Pendelwurf unter einer überhängenden Weide – inmitten dichter Vegetation. Kaum hatte der Streamer die Wasseroberfläche berührt, faßte ein massiger Hecht zu. Er war einfallende Beute offenbar schon gewöhnt, denn im Magen fanden sich die Überreste einer jungen Meise, die er sich wahrscheinlich auf ähnliche Weise geholt hatte. Typische Hecht-Standplätze bilden ferner Hafenbecken, Brückenpfeiler und Anlegestellen, ruhiges Wasser zwischen Buhnen, ufernahe Ausspülungen, Gumpen, (krautreiche) Scharkanten und Einmündungen von Bächen und kleinen Flüssen.

Im Winter zieht ein Großteil der Hechte mit ihrer Beute (z. B. überwinternden Weißfischen) in die Altarme und andere geschützte Flußabschnitte. Wenn die Wassertemperatur wieder 8 °C und mehr erreicht hat, zieht ein Teil der Hechte mit den Weißfischen in den Fluß zurück. Hechte sind nicht jeden Tag hungrig oder in Beißlaune. So müssen wir es an guten Stellen beharrlich immer wieder probieren. Gute Hecht-Einstände werden, sofern sich die Strukturen nicht verändern, häufig von nachrückenden Hechten wieder besetzt. Daher lohnt sich von Zeit zu Zeit ein Nachfischen.

Da die Laichgebiete des Hechtes (im zeitigen Frühjahr z. B. überschwemmte Wiesen und krautreiche Flachufer) jedoch stetig abnehmen, müssen wir uns für die Neuschaffung solcher Uferzonen einsetzen! Frisch geschlüpfte Hechtbrut ernährt sich zunächst von kleinen wirbellosen Tieren, geht aber rasch zu einer räuberischen Lebensweise über. Hecht-Weibchen können unter Optimalbedingungen ca. 1,50 m Länge und etwa 34 kg Maximalgewicht erreichen. Die Männchen werden in der Regel nur 1 m lang und erreichen rund 4,5–6,2 kg.

Das Streamerfischen auf *Esox lucius* hat in den letzten zehn Jahren insbesondere in Nordamerika, Holland, Spanien und Deutschland einen enormen Aufschwung genommen. Immer häufiger werden kapitale Hechte von Streamerfischern gelandet. Zahlreiche Angler, die früher nur mit der Spinnrute auf die Hechtpirsch gingen, haben sich bereits von der spannenden und zugleich faszinierenden Flugangelei auf den Hecht anstecken lassen.

Passendes Gerät

Gut abgestimmtes Gerät bildet eine wichtige Voraussetzung für den Fangerfolg. Es kommt nicht darauf an, eine teure Ausrüstung ans Wasser zu tragen. Von Bedeutung ist dagegen, ob die einzelnen Gerätebestandteile zueinander passen. Zu empfehlen sind:

- eine rückgratstarke Einhandrute von 2,75–3,05 m Länge (9–10 Fuß) der Schnurklasse 8/9 mit passender Rolle, die außer der Fliegenschnur noch rund 100 m Backing faßt;
- eine schnellsinkende Schußkopf-Schnur, z. B. die Teeny Line T-300/ Deep & Down, die Cortland Quick Descent 325 oder eine entsprechende Kombination aus Running Line mit angeschlauftem, rasch sinkenden Schußkopf. Eine Schwimmschnur (WF-8-Floating etc.) wird nur gelegentlich benötigt.
- Für das Vorfach eignet sich 0,45–0,60 mm Nylon-Monofil, daß bei Verwendung einer Schußkopf-Schnur nicht länger als 80 cm sein sollte. Teilweise genügen 60 cm, da lange Vorfächer die Sinkgeschwindigkeit der Fliege herabsetzen. Als Spitze wird an einem zwischengeschalteten Tönnchenwirbel ein Stahlvorfach/Stahlseide von 30 bis 40 cm Länge montiert. Ein handelsübliches Stahlvorfach mit stabilem Karabiner ist ebenfalls verwendbar und ermöglicht schnellen Streamerwechsel. In Einzelfällen haben große Hechte den Karabiner aufbiegen können. Daher immer kontrollieren, ob der Karabiner intakt ist und gut geschlossen hat. Bei Verwendung von Stahlseide wird der Streamer mit dem Homer Rhode Loop Knot (s. Kapitel „Gerätewahl") angeknotet.

Die übrige Ausrüstung beschränkt sich z. B. auf Streamerdose, Vorfach-Ersatzmaterial, Rachensperre, Zange, Hakenschleifer, Messer, Kescher, Naturkautschuk-Watstiefel oder Wathose. Ist man z. B. in Irland oder in Nordamerika an kühlen Tagen mit dem Boot unterwegs, sind eine Neopren-Wathose und eine Regenjacke keine schlechte Wahl.

Streamer
(Foto 12, S. 51)

Hechte beißen zu allen Tageszeiten. Bei voller Sonne fische ich gern orangefarbene Muster und bei bedecktem Himmel und fehlendem Licht helle Streamer. Der „Bunny Bug" ist auf Hecht ein weltweit erprobtes Erfolgsmuster. Selbst Anfänger können diesen Streamer rasch nachbinden. Als Einstieg in das Streamerbinden ist der „Bunny Bug" wie geschaffen. Daher sind die Bindeschritte am Beispiel dieses Musters hier einmal ausführlich erläutert. Bei allen weiteren Fliegen sind die Bindematerialien jeweils in der Reihenfolge des Einbindens aufgelistet. Soweit bekannt, wurde hinter dem Namen der Streamermuster der Name des „Erbinders" in Klammern gesetzt. Der Zusatz „Bindeweise" kennzeichnet Abwandlungen bzw. Varianten des ursprünglichen Musters.

Bunny Bug
(B. Reynolds & J. Berryman; Bindeweise: W. Schulte) (Abb. 17–19)

Grundwicklung
mit dem Bindefaden

Abb. 17: Erforderlich ist ein superspitzer Einzelhaken ca. Größe 6/0. Geeignet sind z. B. Streamerhaken von Kamasan (B 940), Hayabusa (27171 E) oder der „Partridge-Waller-Greifer". Wichtig: der Hakenbogen darf nicht zu eng sein, damit der Haken im Hechtmaul gut Halt findet. Den Widerhaken drücken wir an. Nun wird mit reißfestem Bindegarn der Hakenschenkel mit einer Grundwicklung versehen und diese mit farblosem Nagel- oder Bindelack gesichert. Schwanz: Am Ende des Hakenschenkels bindet man etwas Flashabou Gold, darüber einen 12 cm langen Kaninchenfellstreifen (z. B. in Orange) und darüber orangefarbenes Krystal Flash ein.

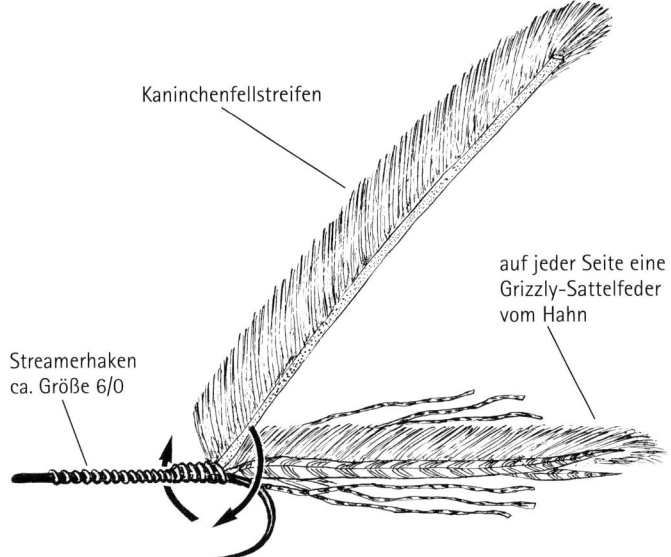

Abb. 18: Auf jeder Seite kommt eine lange Grizzly-Sattelfeder vom Hahn dazu. Mit festen Windungen wird nun an gleicher Stelle ein ca. 15 cm messender gleichfarbiger Kaninchen-fellstreifen eingebunden und straff nach vorne um den Haken gewickelt. Dabei muß das Fell mit den Fingern immer wieder sorgfältig zurückgestrichen werden.

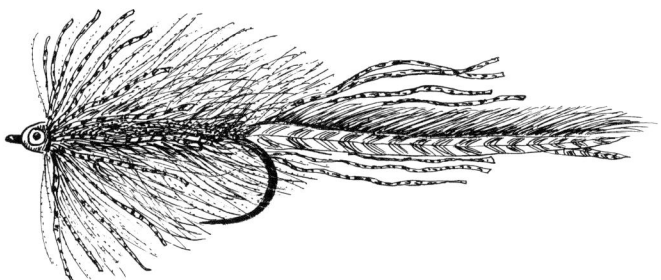

Abb. 19: Am Kopf bindet man rundum oranges Krystal Flash ein (bei hellen Streamern auf jeder Seite noch etwas rotes Marabou oder Polarfuchshaar) und sichert den Kopfknoten mit Lack oder Sekundenkleber. Nach dem Trocknen können mit Bindelack gelb-schwarze Augen aufgetupft werden.

Luzi-Hecht-Streamer
(W. Schulte)
Haken: Streamer- oder Meereshaken Größe 4/0 bis 6/0
Bindefaden: Weiß oder gelb
Beschwerung: Bleiaugenpaar auf dem Hakenschenkel einbinden und mit Sekundenkleber fixieren

Flügel: Hellblaues Flashabou rundum einbinden; als Unterschwinge weißes Ziegenhaar, darüber perlmutt Krystal Flash; als Oberschwinge Haar vom schwarzen Fuchsschwanz, darüber rotes Krystal Flash, rundum einige Streifen goldenes Flashabou

Kopf: Mit Epoxi- oder Sekundenkleber sichern

Luzifer stand mit seinem Namen Pate: ein sehr guter Streamer mit viel Glitzermaterial, der immer dann gut fängt, wenn (kleine) Weißfische zur Hauptbeute werden, wie in den Wintermonaten. In klaren nordamerikanischen Gewässern ist er ebenfalls erfolgreich. Der Streamer fischt „upside down".

Das Herstellen von Streamern bietet eine Fülle von Möglichkeiten, die eigene Kreativität spielen zu lassen. Fliegenfischen auf Hecht und das Selbstbinden der Muster eröffnet neue Dimensionen. Spätestens nach dem ersten Großhecht sind viele Raubfischangler vom Streamerfischen voll überzeugt.

> **Besondere Bestimmungen in Irland und Yukon:** Untersagt ist in Irland generell die Entnahme von Hechten über 2,8 kg sowie unterhalb von 11,25 kg im Fluß und 13,5 kg im See (kleine Hechte und die „Trophy-Größen" dürfen entnommen werden). In Yukon/Kanada sind Hechte über 60 cm Länge sowie unterhalb von 1,05 m Länge geschont. Ein Hecht über 1,05 m kann bei Bedarf entnommen werden. Beide Regelungen schützen die wertvollen Laichfisch-Jahrgänge.
> **Beste Zeiten:** in Irland und Yukon z. B. Juli bis September, in Mitteleuropa z. B. Frühsommer und Herbst.

Zanderfang mit dem Streamer

In der Dämmerung haben die Zander mit dem Rauben begonnen. In Ufernähe stiebt eine Wolke kleiner Weißfische auseinander. Doch nicht immer jagen Zander so augenfällig. Manchmal holen sie sich ihre Hauptbeute – zumeist junge Weißfische und Ukeleis (Lauben) – eher heimlich, still und leise aus dem Oberflächenfilm. Welch ein Unterschied zum Hecht! Wenn ein *Esox* raubt, dann geht es auch tagsüber mitunter laut zu. Ein großer Schwall – und der Rücken durchbricht beim hechttypischen Überraschungsangriff mit viel Getöse die Wasseroberfläche. Ganz anders die Zander. Vorsichtige Rudeljäger, die in aller Regel erst in der Dämmerung oder nachts aktiv werden.

Die langsam einsetzende Dunkelheit dieses milden Frühlingstages kommt den Zandern offensichtlich entgegen. In einem kleinen Altarm der Sieg rauben sie in Schwärmen von Ukeleis und jungen Rotaugen in Ufernähe über leicht ansteigendem Grund. Während ich die Rute zusammenstecke, sind interessante Dinge zu beobachten. Immer wieder stoßen einzelne Zander von unten herauf und holen sich ihre Beute aus dem Oberflächenfilm. An dieser Stelle habe ich schon mehrfach mit dem Streamer auf Zander gefischt und einmal einen guten Fisch verloren. Immer wieder ist zu hören oder zu lesen, daß ein Stahlvorfach beim Fischen auf Zander nicht erforderlich sei. Ich weiß nicht, warum sich dieser „gute Ratschlag" so hartnäckig in der Angelliteratur hält. Als ich damals einmal ohne Stahlseide gefischt habe, ging prompt ein schöner Zander, der den Streamer tief genommen hatte, vor meinen Füßen am 0,35 mm-Monofil-Vorfach verloren. Außerdem ist ein Hechtbiß beim Zanderangeln generell nie auszuschließen.

Diesmal ist das Gerät sorgsam zusammengestellt – inklusive Stahlvorfach. Mein Vertrauen gilt der rotköpfigen Zander-„Tube" – einfach aufgebaut und effektiv. Die dunkle Schwinge gibt eine deutliche Silhouette gegen den Abendhimmel ab, und der Silberkörper wirkt als Restlichtverstärker (Fotos 16, 17, S. 52). Im Rhein, in der Sieg und in anderen Gewässern wird diese Röhrchenfliege als Ukelei oder kleiner Weißfisch vom Zander genommen. Ich fische eine Einhandrute der AFTMA-Klasse 8, mit einer schnellsinkenden, an der Spitze etwa um einen Meter eingekürzten Schußkopf-Schnur. Hierdurch ist das „handling" der Leine deutlich besser.

Wegen einer hinter mir steil ansteigenden Uferböschung sind Rollwürfe notwendig. Nach dem Wurf lasse ich den Streamer etwas absinken und hole ihn dann mit langen ruhigen Zügen ein, jeweils unterbrochen von ein bis zwei kurzen Strips. Dann folgt ein neuer Rollwurf. Die Oberflächenaktivitäten halten unvermindert an. *Stizostedion lucioperca*, der lichtscheue „Hechtbarsch", ist also noch auf der Jagd.

Ein leichter Ruck, fast einem Hänger gleich – und ein Zander ist am Streamer fest (Foto 18, S. 52). Zander sind keine großen Kämpfer. Doch als der gewichtige Stachelritter zum ersten Mal an die Oberfläche kommt, hat die Einhandrute einige tiefe Verbeugungen zu machen. Mit kräftigen Schwanzschlägen zieht der Fisch nochmals in die Tiefe. Nach weiteren kurzen Fluchten kann ich einen rund 65 cm messenden Zander über den Watkescher führen. Ein Fang, der auf Grund seines hervorragenden kulinarischen Wertes stets hoch geschätzt wird.

Überaus spannend ist im Sommer spätabends das Zanderfischen mit der Schwimmschnur. Die Beutefische stehen in dieser Zeit oft ufernah im warmen Flachwasser. Die Zander rauben an diesen Stellen teilweise direkt vor unseren Füßen. Dr. David Popp entwickelte einen einfachen und zugleich sehr wirkungsvollen „Bucktail"-Streamer, mit dem er z. B. im Neckar im Oberflächenfilm bzw. in den oberen Wasserschichten erfolgreich auf Zander fischt. Dabei wird der Streamer an einem etwa rutenlangen Vorfach ebenfalls relativ langsam geführt, mit einigen von Zeit zu Zeit eingeschalteten, schnellen Strips. Wenn im Sommer die Zanderrudel rauben, etwa zwischen 21.30 Uhr und 23.30 Uhr, dann lohnt es sich, einige Dämmerungs- und Nachtstunden für das Streamerfischen zu nutzen. Man erlebt die wunderbarsten Stunden am Gewässer, und die potentielle Beute gehört zu den allerbesten Speisefischen unserer heimischen Gewässer – gebratenes Zanderfilet ist eben besonders schmackhaft.

Durchschnittsfische messen nicht selten 45 bis etwa 60 cm, doch Zander können in einigen Gewässern rund 1,30 m Länge und über 15 kg erreichen. Der Zander bevorzugt sommertrübe fließende und stehende Gewässer mit hartem Grund. Ursprünglich aus Mittel- und Osteuropa stammend, ist er durch Zucht und Besatz heute auch in Westeuropa weit verbreitet. Zander laichen ab ca. 9 °C Wassertemperatur meist zwischen April und Mai. Das Laichnest wird bewacht, was stellenweise am Ufer beobachtet werden kann. Es gibt mittlerweile zahlreiche Gewässer, die gute Möglichkeiten für das Streamerfischen auf Zander bieten. Insbesondere an großen Flüssen und Seen ist zukünftig beim Streamerfischen mit nächtlichen Erfolgen auf kapitale Stachelritter zu rechnen.

Passendes Gerät

Für das Streamerfischen auf Zander haben sich bewährt:

- eine Einhandrute von 2,75–3,05 m Länge (9–10 Fuß) der Schnurklasse 8 (Foto 19, S. 52) mit passender Rolle. In der Regel sind keine langen Fluchten zu erwarten, viel Backing ist also nicht nötig;
- eine schnellsinkende Schußkopf-Schnur, z. B. die Cortland Quick Descent 325 oder die Teeny Line T-300/Deep & Down (jeweils an der Spitze ca. 1 m eingekürzt) oder eine entsprechende Kombination aus Running Line und Schußkopf. Für die Sommerfischerei ist eine Schwimmschnur (z. B. WF-8-Floating) erforderlich.
- als Vorfach ein 0,30–0,35 mm Monofil von etwa 60 cm Länge (an der schnellsinkenden Schußkopf-Schnur) oder ein rutenlanges, auf ca. 0,30 mm verjüngtes Monofil-Vorfach (an der Schwimmschnur). An einem kleinen Wirbel wird in jedem Fall eine Spitze aus Stahlseide vorgeschaltet. Alternativ kann ein fertig montiertes Stahlvorfach verwendet werden (etwa 30 cm lang).

Eine Stirn- oder Taschenlampe sollte beim Zanderfischen in den Abend- und Nachtstunden nicht vergessen werden.

Streamer
(Foto 16, S. 52)

Zander-Streamer sollen in erster Linie kleine Weißfische und Ukeleis (Lauben) imitieren. Hierbei haben sich z. B. Röhrchenfliegen und Bucktail-Muster als erfolgreich erwiesen.

Zander-Tube
(W. Schulte)
Tube: Plastik- oder Aluminium-Tube, 4–5 cm lang
Faden: Rot
Rippung: Ovales Silbertinsel
Körper: Flaches Silbertinsel
Flügel: Schwarzes Haar (Fuchs-Schwanz, Ziegenhaar etc.), darüber einige Streifen silbernes Flashabou
Wangen: Jungle Cock (eine Augen-Feder auf jeder Seite)
Kopf: Rot
Diese Fliege hat als Variante der „Black & Silver-Tube" ihren Ursprung in der Lachsfischerei. Dennoch hat sie sich beim Fliegenfischen auf Zander sehr bewährt. Anstelle eines Drillings kann auch ein Einzelhaken (z. B. in Größe 4) Verwendung finden.

Bucktail-Zander-Streamer
(D. Popp)
Haken: Langschenkliger Streamerhaken, z. B. Größe 2
Faden: Rot, reißfest
Beschwerung (wahlweise): Kettchenaugenpaar
Flügel: Gelbes Bucktail rundum eingebunden (alternativ: Bucktail in Weiß, Gelb/Rot, andere Farben), darüber rundum perlmutt Krystal Flash
Kopf: Rot (oder farbloser Lack)

Zanderfilet in Zwiebelsauce
Zutaten: 1 kg Zanderfilet, 1 Ei, Mehl oder „Panierfix", Fett zum Braten, Salz, 1 Zitrone.
Für die Sauce: 2–4 Zwiebeln, Fett zum Braten, 1 Tomate, 1 Knoblauchzehe, 1 Bund Petersilie, 1 Bund Schnittlauch, 1/2 Becher Crème Fraîche, 1–2 Tassen Wasser, Salz, weißer Pfeffer, kleine Prise Zucker.
Zanderfilet in Ei und Mehl wenden, salzen und in der Pfanne im heißen Fett braten, mit Zitronensaft beträufeln. Für die Sauce die Zwiebeln hacken und in einem kleinen Topf im Fett leicht anbräunen. Nun Tomate, Knoblauchzehe, Petersilie und Schnittlauch (kleingeschnitten, gehackt), Wasser und Crème Fraîche hinzugeben; mit Salz, Pfeffer und einer winzigen Prise Zucker würzen. Dazu passen Pell- oder Salzkartoffeln und ein trockener Mosel-Riesling.

▨ Flußbarsche

Flußbarsche sind in unseren Gewässern weit verbreitet, doch kapitale Barsche werden offensichtlich nirgendwo häufig gefangen. Allem Anschein nach sind große Barsche vielerorts weitaus schwieriger zu überlisten als ein „zweistelliger" Hecht. Doch nur wenigen Anglern ist der Barsch eine genaue Betrachtung wert. Wo der farbenprächtige Räuber in Massen vorkommt, gilt er nicht als Bereicherung, sondern eher als „Plage". Im Blätterwald spielt der Barsch in den meisten Fällen nur eine Nebenrolle als „Beifang" beim Angeln auf andere Raubfische. Auch unter Fliegenfischern ist dies nicht viel anders. Wer von einem großen Barsch zu berichten weiß, hat ihn nicht selten rein zufällig auf einem Hechtstreamer gefangen.

Gezielt mit dem Streamer auf Barsche zu fischen, bietet spannendes Angeln und eine Fülle interessanter Erlebnisse – manchmal sogar fast vor unserer Haustür. Eine dieser Entdeckungsreisen konnte ich am Rhein bei Bad Honnef unternehmen. Ende Januar hatte ich mich nachmittags mit meiner Fliegenrute zu einem „barschverdächtigen", ruhigen Abschnitt des Rheinufers aufgemacht, der an dieser Stelle durch lange Querbuhnen mit der Rheininsel Grafenwerth verbunden ist. In den tiefen, strömungsberuhigten und einigermaßen klaren Flußabschnitten zwischen den Buhnen mußte es Barsche geben. Das Wetter war anfangs noch heiter und sonnig – alles andere als erfolgversprechend für die Barschfischerei! Je näher der Abend heranrückte und je mehr dunkelgraue Regenwolken aufzogen, desto mehr Barsche kamen in Beißlaune.

Auf dem steinigen „Querriegel" stehend – neben einem hier tatsächlich wild wachsenden kleinen Feigenstrauch – konnte fast der Eindruck entstehen, an einem kleinen See zu fischen. Zumindest war endlos viel Wurfraum gegeben. Ich ließ die Sinkschnur nach dem Einwurf tief absinken und holte meinen gelben, kopflastigen „Marabou"-Streamer mit kurzen Strips ein. Zuerst sorgten zwei Nachläufer für Aufmerksamkeit. Sie kamen aus der Tiefe mit hoch aufgestellten Rückenflossen heraufgeschossen und verfolgten den Streamer fast bis an die Wasseroberfläche. Mit den nächsten Würfen stellte sich schlagartig der Erfolg ein. In kurzer Folge nahmen etliche schöne Barsche die „Fliege".

Anstelle einer Sinkschnur hat sich bei der Präsentation kopflastiger weißer, gelber, oliv-grüner oder schwarzer Streamer auch die Schwimmschnur in Kombination mit einem langen Vorfach als überaus erfolgreich erwiesen. Ein kopflastiger Streamer vollführt beim Einstrippen eine charakteristische, nach vorn abkippende Taumelbewegung. Sein weicher und daher sehr lebendig pulsierender Schwanz aus Marabou-Fibern oder einem Streifen Kaninchenfell verlockt den Barsch zum Anbiß. Auch in der warmen Jahreszeit, wenn Barschrudel häufig in den Abendstunden in Ufernähe kleine Beutefische jagen, ist die Verwendung einer Schwimmschnur angezeigt. Oberflächennah geführte Streamer, aber auch Oberflächenköder wie kleine Popper und Slider (vgl. Kapitel „Räuberische Cypriniden – auf Döbel und Rapfen"), haben nun ebenfalls Erfolg.

Der Flußbarsch, mit dem wissenschaftlichen Namen *Perca fluviatilis* belegt, ist in Mitteleuropa weit verbreitet. Er fehlt aber im Norden Schottlands, in Teilen Norwegens, auf der Iberischen Halbinsel, in Italien, Griechenland und auf dem Balkan. Überall dort, wo Barsche vorkommen, spielen ruhige und tiefe Gewässerabschnitte für das Streamerfischen eine zentrale Rolle. An Flüssen und Strömen konzentrieren wir uns daher besonders auf Gumpen, tiefe Buchten, Buhnenfelder, Altarme und Hafenbecken. In stehenden Gewässern sind z. B. (steinige) Erhebungen des Gewässergrundes, die sogenannten Barschberge, produktive Fangstellen. Barsche laichen bei ca. 7–8 °C Wassertemperatur in unseren Breiten zwischen März und Juni. Kleine und mittlere Exemplare sind Schwarmfische. Große Barsche (Foto 20, S. 52) leben wahrscheinlich als Einzelgänger oder in kleinen Gruppen und können maximal rund 50 cm Länge und etwa 4,75 kg erreichen.

Passendes Gerät

Da wir beim Streamerfischen auf Flußbarsche in der Regel nicht laufend auf die kapitalen Exemplare treffen, ist Flugangelgerät der Klasse 5/6 mit gering beschwerten Streamern oftmals ausreichend. Für das Servieren stark beschwerter Bleiaugen-Streamer sollte jedoch eine Einhandrute der Klasse 8 zum Einsatz kommen. Geeignet sind:

- eine Einhandrute von 2,75 m Länge (9 Fuß) der Klasse 5/6 oder der Klasse 8 mit passender Rolle;
- eine schnellsinkende Fliegenschnur oder eine Schußkopf-Schnur, z. B. Teeny Line T-200/Deep & Down bzw. Cortland Quick Descent 225 für Rutenklasse 5/6; für Rutenklasse 8 besser eine vorn eingekürzte Teeny T-300 bzw. Quick Descent 325; ferner eine passende Schwimmschnur der Klasse 5/6 oder der Klasse 8 für die Präsentation von tief gefischten Streamern mit einem langen Vorfach oder für das Servieren von Streamern an der Wasseroberfläche;
- als Vorfach für das tiefe Fischen ein 0,25–0,28 mm messendes Nylon-Monofil, das nicht länger als etwa 80 cm sein sollte. Beim Fischen mit der Schwimmschnur kann ein knotenlos verjüngtes Monofil-Vorfach mit einer 0,25 mm-Spitze Verwendung finden.

Streamer
(Foto 21, S. 52)

Gelber Marabou-Streamer
(W. Schulte)
Haken: Größe 6–10, z. B. Kamasan B 800
Faden: Schwarz
Schwanz: Gelbes Marabou
Beschwerung: Bleidrahtwicklung im vorderen Drittel
Körperhechel: Grizzly-Hahnenfeder

Foto 12 Oben: oranger Bunny Bug; unten: Luzi-Hecht-Streamer

Foto 11 Hechtdrill vom Boot aus

Foto 13 Streamer-Großhecht von 30 Pfund

Foto 14 Yukon-Hecht am Bunny Bug

Foto 15 Ein glitzernder, heller Streamer wird als kleine Renke oder Weißfisch genommen.

Foto 16 Oben: Zander-Tube; unten: Bucktail-Zander-Streamer

Foto 17 Fliegendose mit Zanderstreamern, auf Röhrchen („tubes") und Einzelhaken gebunden

Foto 18 Erfolgreich ·mit der Zander-Tube

Foto 19 Zander, gelandet mit Gerät der Klasse 8

Foto 20 Ein farbenprächtiger, großer Flußbarsch

Foto 21 Links oben: gelber Marabou-Streamer; andere: Krystal Bugger

Körper: Gelbe Chenille
Kiemen: Rote, dünne Wollfäden (auf jeder Seite)
Kopf: Schwarz

Der gelbe „Marabou"-Streamer bewährt sich z. B. beim Fischen in Gewässern mit leicht angetrübtem, „gelblichem" Wasser. Barsche scheinen zeitweise eine Vorliebe für gelbe Muster zu haben. Gelbe „Marabou"-Fliegen erweisen sich darüber hinaus z. B. an Stillgewässern auf Regenbogenforellen als effiziente Muster.

Krystal Bugger, Farbe „Motor Oil"
(Bindeweise: Umpqua)
Haken: Streamerhaken Größe 4 oder Lachshaken Größe 2–4
Faden: Schwarz
Beschwerung: Bleiaugen (Wicklung mit Sekundenkleber sichern)
Schwanz: Schwarzes Marabou, darüber perlmutt Krystal Flash
Körper: Schwarze Hahnenfeder, pearl-oliv Tinsel Glimmer Chenille (Hahnenfeder als Körperhechel nach vorn winden)
Kopf: Oliv-grüne Chenille um die Bleiaugen winden, Knoten mit farblosem Lack sichern

Varianten
Krystal Bugger, Black
Körper: Schwarzes Tinsel Glimmer Chenille
Kopf: Schwarze Chenille

Abwandlungen können mit einem Schwanz aus schwarzem Kaninchenfellstreifen, mit einem Körper aus schwarzem oder Multi-color Tinsel Glimmer Chenille, mit einem Kragen aus schwarzer Hahnenfeder und neon-roter oder neon-hellgrüner Chenille für den Kopf gebunden werden.

Darüber hinaus ist eine helle bzw. weiß-rote Variante immer dann zu empfehlen, wenn die dunklen bzw. schwarzen Streamer versagen. Das vom oben genannten „Krystal Bugger" abweichende Binderezept lautet bei diesem Bleiaugen-Streamer:
Faden: Rot
Schwanz: Weißer Kaninchenfellstreifen
Körper: Pearl-nature Tinsel Glimmer Chenille
Kragen: Orange Hahnenfeder
Kopf: Neon-rote Chenille um die Bleiaugen winden

Diese stark beschwerten Bleiaugen-Streamer sind Abwandlungen des amerikanischen „Woolly Bugger", der erstmals von Jack Dennis im Vol. 2 des „Western Trout Fly Tying Manual" vorgestellt wurde. Wenn der Kopf mit (neon-/fluoreszierend-) roter Chenille gebunden wird, gleicht der Streamer dem in Alaska von Will Bauer entwickelten „Egg Sucking Leech". Da der Streamer beim Einziehen nach vorne abkippt, erzeugt der hochbewegliche

Schwanz aus „Marabou"-Fibern (Flaumfeder-Fibern vom Truthahn) oder aus Kaninchenfellstreifen eine lebendig pulsierende Silhouette. Das Muster deckt eine Reihe von Nährtieren ab, wie z. B. eine fette Larve, Egel, Kaulquappe oder ein krankes Beutefischchen – erfolgreich z. B. auf Barsch, Forellen und pazifische Lachse. Bei Bedarf sind diese probaten Streamermuster z. B. bei Erich Brinkhoff zu beziehen.

Räuberische Cypriniden – auf Döbel und Rapfen

Die Karpfenfische werden manchmal alle für „Friedfische" gehalten. Doch in ihren Reihen gibt es sowohl Gelegenheitsräuber als auch Vertreter mit ausgeprägtem „Killerinstinkt".

Es ist bekannt, daß gerade in der kalten Jahreszeit z. B. Karpfen und Barben eiweißreicher Zukost in Form eines kleinen Fisches bisweilen nicht abgeneigt sind. Im Winter bis in das Frühjahr hinein werden z. B. in den Nebenflüssen des Rheins wie Sieg und Ahr vereinzelt Barben mit dem Streamer gelandet. Mehrfach habe ich erlebt, daß an bedeckten, ungemütlich-kalten Tagen beim Anbieten sehr tief und langsam geführter schwarzer Streamer mit schnellsinkender Schußkopf-Schnur und kurzem Vorfach plötzlich halbmeterlange Barben vehemente Gegenwehr und spektakuläre Drills lieferten, wo man an einer tiefen Stelle Forellenbisse erwartet hatte. Sehr selten können Barben Rekordlängen um 90 cm erreichen, doch ist über den Streamerfang einer kapitalen Barbe bislang nichts bekannt. Weitaus häufiger ernährt sich der Döbel (Aitel) von Fischbrut und Jungfischen. Der Cyprinide mit dem ausgeprägtesten Raubfischverhalten ist der Rapfen. Überwiegend im Rudel jagen Rapfen auf Fische, Frösche, stellenweise sogar auf Küken von Wasservögeln und Kleinsäuger. Sie können dabei zu respektablen Exemplaren abwachsen. Auch wenn die genannten Arten längst nicht überall vorkommen, so werden wir beim Streamerfischen mit großer Sicherheit mit dem einen oder anderen Vertreter der räuberischen Karpfenfische in Kontakt kommen.

Döbel – der schlaue Dickkopf

Sowohl in großen Flüssen als auch in vielen mittelgroßen bis kleinen Fließgewässern lassen sich mit dem Streamer gute „Dickköpfe" landen. Es handelte sich bei meinen Fischen nicht selten um Döbel, die in einem Buhnenfeld oder bei hochstehender Sonne auch tief in einem Kolk standen und mit einem schwarzen „Flashabou"- oder „Marabou"-Streamer zum Anbiß verleitet werden konnten. Mit schnellsinkender Schnur und kurzem Vorfach sind an solchen Flußstellen Erfolge zu erzielen. Der Streamer sollte jedoch nicht zu schnell geführt werden (langsam einziehen ist auf Döbel oft besser als schnell einstrippen). Einige große Döbel habe ich mit der Schwimmschnur überlisten können, z. B. unter überhängenden Weidenzweigen an Rhein und Sieg. Sie bissen meist in den Abendstunden auf den beweglichen, nahe unter der Wasseroberfläche lebendig spielenden „Flashabou-Bucktail". Ältere Döbel sind scheu und vorsichtig und leben als Einzelgänger. Sie erfordern leises und umsichtiges Vorgehen beim Versuch, sie an den Haken zu bringen. Große Vertreter von *Leuciscus cephalus* stellen beim Fischen mit dem Streamer deshalb eine Herausforderung dar.

Auch in verschiedenen ostdeutschen Flüssen, z. B. in der Mulde und in der unteren Zschopau (Sachsen), sowie im Neckar werden regelmäßig dicke Döbel mit der Fliegenrute gelandet. Ein großer Teil davon wird vor allem im Sommer und Spätsommer mit dem Streamer überlistet, wenn die Brutfische im Nahrungsspektrum der Döbel einigen Raum einnehmen. Im Neckar haben sich die von Reinhard Debon und David Popp bekannt gemachten Rapfen-Fliegen bei nicht zu schneller Führung auch auf Döbel bewährt. Hier nimmt der Döbel z. B. am Rand der Strömung den „Zahnbürsten-Streamer". Im seichten Uferbereich, an unterspülten Böschungen und anderen langsam fließenden Flußabschnitten haben sich „Thunder Creek"-Streamer bewährt, die in der Strömung driftend gefischt oder dabei leicht gezupft werden. Der Döbel ist vor allem in den Fließgewässern Europas weit verbreitet und laicht in der Regel zwischen April und Juni. Kapitale Döbel können bis 60 cm Länge und etwa 3–4 kg erreichen.

Rapfen – ein wilder Rudeljäger

Kein anderer Cyprinide fällt mehr aus der Friedfisch-Rolle als der Rapfen (Schied). Bereits in jungen Jahren geht er zu einer räuberischen Lebensweise über. Mein erster Rapfen war einer dieser Halbwüchsigen. Er hatte bereits den rapfentypischen, „grimmigen" Gesichtsausdruck, der ahnen läßt, wozu dieser Räuber fähig ist. Wo der Rapfen zuschlägt, kommt unter den Lauben und jungen Weißfischen Panik auf. Dieses Spektakel sollte sich kein Streamerfischer entgehen lassen.

Rapfen rauben zumeist im Rudel bzw. in Schulen. Die kapitalen Exemplare jagen in kleinen Gruppen oder als Einzeltiere. Ideale Lebensbedingungen findet der Rapfen in den Stromsystemen Mittel- und Osteuropas und in Kanälen, ferner wird er in Talsperren, Seen und Haffen angetroffen. Künstliche Wasserstraßen und Flüsse bieten z. B. an Schleusen und Wehren hervorragende Möglichkeiten, um gezielt auf Rapfen zu fischen. In unterschiedlichen Wassertiefen lauern sie hier auf Beutefische, die über sie hinwegziehen. An großen Flüssen wie Oder, Elbe, Main, Donau und auch im Rhein findet man Rapfen z. B. an Einmündungen von Fließgewässern, Stromkanten und Stellen, an denen die Strömung gebrochen wird und sich Kehrwasser bilden.

Buhnenköpfe sind daher ideale Angelstellen. Unterhalb des Buhnenkopfes, wo die Hauptströmung und die Drehströmung des Buhnenfeldes zusammentreffen, liegt ein bevorzugtes Rapfen-Jagdrevier. Aber die Rapfen rauben auch in den ruhigen Flußabschnitten, in Altarmen und stehenden Gewässern. Dort streifen sie umher und jagen deshalb nie so regelmäßig und kalkulierbar wie im strömenden Wasser. Vor allem nach der Laichzeit sieht man meist ab Mai bis tief in den Sommer hinein vorzugsweise morgens bis etwa 11 Uhr und dann oft wieder ab dem Nachmittag, wie Rapfen mit großer Geschwindigkeit in die Jungfisch- und Laubenschwärme stoßen, um etliche Meter weiter kurz darauf erneut zuzuschlagen.

Zu den Kardinalfehlern beim Streamerfischen auf Rapfen gehört es, weit entfernte Fische sofort anzuwerfen. Weitaus besser ist es, sich ruhig zu verhalten und das jagende Rudel näher herankommen zu lassen. Die Stelle, an der die Beutefische aus dem Wasser springen, darf nicht überworfen werden, denn Rapfen sind scheu. Mit der Schwimmschnur kann auf kürzere Entfernung mit geringer Scheuchwirkung der Streamer etwas stromauf bzw. neben den raubenden Fischen plaziert werden. Nun läßt man die Fliege kurz einsinken, mendet und kann sie beim vermuteten Standort der Rapfen durch Einstrippen etwas beschleunigen. Eine nahe unter der Oberfläche geführte „White Machine", ein heller Zonker-Streamer oder ein weißer Popper oder Slider sollten in der Strömung stellenweise auch langsam bzw. in „dead drift" gefischt werden. Ist der „Süßwasser-Tarpon" nicht mißtrauisch geworden, wird die Fliege teilweise knapp unter der Wasseroberfläche mit einem Schwall genommen. Das Hakensetzen sollte vor allem in der Strömung gefühlvoll erfolgen, um einem Vorfachbruch vorzubeugen und dem Rapfen den Streamer nicht gleich wieder aus dem Maul zu ziehen. Da Rapfen nach 4–5 Sommern bereits 50–55 cm messen (Foto 22, S. 69) und Rekordfische eine Länge bis 1,20 m und rund 12 kg erreichen können, sind, einem Ratschlag des leider viel zu früh verstorbenen Norbert Eipeltauer folgend, beim Streamerfischen auf die schneidigen silbernen Raubfische Mindest-Vorfachstärken von 0,28–0,35 mm in großen Flüssen angebracht.

Wie Barbe und Döbel zählt der Rapfen mit über 140 kleinen Fleischgräten nicht gerade zu den kulinarischen Offenbarungen. Ein Grund mehr, auf die vorgenannten Arten widerhakenlos zu fischen und bei Bedarf nur wirklich große Fische zu entnehmen.

Passendes Gerät

Beim Streamerfischen auf Winter-Barben, scheue Döbel und raubende Rapfen ist durchaus mit respektablen Fischen zu rechnen. Die Ausrüstung umfaßt:

- eine Einhandrute von ca. 2,75 m Länge (9 Fuß) der Schnurklasse 8 mit passender Rolle. Für die Rapfenpirsch sollte 150 m Backing auf der Rolle sein. Wird ein großer Rapfen gehakt, kommt es oft zu einem starken ersten Run stromab und weiteren längeren Fluchten. Sind nur kleine bis mittlere Döbel zu erwarten, reicht auch Gerät der Klasse 5/6;

- eine schnellsinkende Schnur bzw. Schußkopf-Schnur für das tiefe Fischen, z. B. auf tief stehende Döbel. Für das Anbieten von Streamern an der Oberfläche wird eine Schwimmschnur der Klasse 8 benötigt, am feineren Döbel-Gerät der Klasse 5 oder 6.
- als Vorfach an der Sinkschnur oder einer Schußkopf-Schnur ein etwa 60–80 cm messendes Nylon-Monofil von ca. 0,30 mm Stärke. Auf Döbel wird an der Schwimmschnur mit einer Vorfachspitze von 0,20–0,25 mm gefischt. Auf Rapfen sollte an der Schwimmschnur ein etwa rutenlanges, knotenlos verjüngtes Monofil-Vorfach mit einer ca. 0,28 mm starken Spitze (für starke Strömung und große Flüsse: 0,30–0,35 mm) gefischt werden.

Streamer
(Foto 23, S. 69)

Flashabou-Bucktail
(M. & P. Vennemann-Bundschuh, W. Schulte)
Haken: Streamer- oder Butthaken Größe 4–6
Faden: Schwarz
Körper: Flaches Goldtinsel (Variante: blaugrünes Krystal Hair)
Flügel: Schwarzes Flashabou (Variante: goldenes Flashabou), darüber blaugrünes Krystal Hair
Kopf: Schwarz
Dieser Streamer ist in seiner Effizienz kaum zu schlagen: geringer Material- und Bindeaufwand sowie hohe Wirksamkeit beim Fischen u. a. auf Döbel, Forellen und Barsch. Bei nicht zu schneller Führung pulsiert das weiche, synthetische Schwingenmaterial sehr verlockend in der Strömung. Die Variante dieses Streamers mit einem Flügel aus goldfarbenem Flashabou ist ebenfalls sehr erfolgreich.

Thunder Creek Silver Shiner
(Bindeweise: D. Popp)
Haken: Größe 6–8
Faden: Rot
Körper: Flaches Silbertinsel
Flügel: Silbernes, feines Flashabou; am Kopf unterseits weißes, oberseits rot-braunes Haar in Richtung des Öhrs einbinden und nach hinten umlegen; mit dem Faden ca. 6 mm hinter dem Öhr fixieren
Kopf: Mit Epoxi-Kleber (z. B. UHU plus schnellfest) sichern

Der „Thunder Creek" ist ursprünglich vom amerikanischen Fliegenbinder Keith Fulsher (New York) entwickelt worden und imitiert Brutfischchen. Es gibt eine ganze Serie verschiedener „Thunder Creek"-Varianten. In der oben genannten Bindeweise hat sich das Muster u. a. beim Streamerfischen auf Döbel bewährt.

Rapfen-Streamer
(R. Debon & D. Popp)
Haken: Streamerhaken Größe 4–8
Faden: Grau
Beschwerung: Kettchen- oder Kunststoff-Augenpaar
Schwanz: Perlmutt Flashabou (oder Flashabou in Silber)
Körper: Perlmutt Flashabou und Krystal Flash (oder Flashabou in Silber); etwa 2 cm lange Streifen werden mit der Schlaufentechnik (Dubbing-Schlaufe) eingebunden
Kopf: Knoten farblos lackieren
Der „Zahnbürsten-Streamer", wie Reinhard Debon diese Fliege nennt, wird z. B. im Neckar (Neckarhausener Strecke) auf Rapfen und Döbel gefischt.

Zonker-Streamer
(Bindeweise: D. Byford)
Haken: Streamerhaken Größe 2–6, z. B. Kamasan B 800
Faden: Weiß
Körper: Perlmutt (oder Kupfer) Flashabou Minnow Body über Drahtform ziehen und „upside down" vorn und hinten am Haken festlegen, den Kaninchenfellstreifen (Braun oder Weiß) ebenso, darüber etwas Perlmutt Krystal Flash
Kopf: Farblos lacken, Augen mit gelbem/schwarzem Lack auftupfen
Dieser Rapfen-Streamer ist über Erich Brinkhoff zu beziehen. Er hat sich z. B. im Wolgadelta auf Rapfen bis über 10 Pfund bewährt.

White Machine
(F. Binder)
Haken: TMC 811 S Größe 1
Faden: Weiß
Schwanz: Weißes Marabou, darüber hellgraues Krystal Flash
Körper: Weißes Leech Yarn
Flügel: Weißes Schafshaar, darüber hellgraues Krystal Flash
Kopf: Weißes Orvis Lite Brite-Dubbing, Epoxy Eyes (7 mm) mit Sekunden-kleber fixieren, Kopfknoten mit farblosem Lack sichern

White Machine-Brutfisch
(F. Binder)
Haken: TMC 811 S Größe 4
Faden: Weiß

Schwanz: Grizzly Hahnenfeder, zurechtgeschnitten
Körper: Weißes Orvis Lite Brite-Dubbing
Flügel: Weißes Near Hair, Krystal Flash, weißes Schafshaar
Kopf: Weißes Schafshaar, zurechtgeschnitten, Epoxy Eyes (5 mm) mit Sekundenkleber fixieren, Kopfknoten mit farblosem Lack sichern

Rapfen-Popper
(F. Binder)
Haken: TMC 811 S Größe 1
Faden: Weiß
Schwanz: Blaues Bucktail, darüber blaues Krystal Flash, seitlich je eine Grizzly Hahnenfeder, darüber weißes Deerhair
Schwimmkörper: Weißes Deerhair (tropfenförmig zurechtgeschnitten), Epoxy Eyes (7 mm) und Kopfknoten mit Sekundenkleber fixieren
Die „White Machine"-Streamer und der „Rapfen-Popper" wurden von Frieder Binder entwickelt. Beispielsweise im Main haben sich diese Streamer an der Schwimmschnur (Vorfach etwa 100 cm Nylon-Monofil von ca. 0,28 mm) auf Rapfen als beste Muster erwiesen. Darüber hinaus können mit den „White Machines" auch Zander, Barsche, Forellen sowie mit dem „Brutfisch" auch Bonefish gelandet werden.

Auf „Bass" und Urwaldbarsche

Streamerfischen auf „Bass" (Forellen- und Schwarzbarsch)

Mit einen vernehmbaren „Blupp" setzt das schwimmfähige Popper-Muster neben versunkenen Ästen auf dem warmen Wasser des Ebro-Stausees Mequinenza auf, in dem Forellenbarsche („Largemouth Bass") vorkommen. Es wäre ein Fehler, direkt nach dem Wurf überhastet mit dem Einziehen zu beginnen. Man wartet zunächst einen Augenblick ab! Denn fällt in der Nähe des Einstandes „aus heiterem Himmel" plötzlich ein Popper ein, dann schießen erschreckte Fische häufig erst einmal davon. Doch in der Regel überwiegt gleich danach wieder die Neugier, ob da nicht etwas Freßbares ins Wasser gefallen ist. Nun senkt man die Rute, nimmt vorsichtig etwas Schnur auf, strafft die Leine und beginnt mit den ersten kurzen Strips. Kaum hat sich der Popper in Bewegung gesetzt, wird er wütend attackiert. Für einen Moment wird er unter Wasser gezogen, erscheint gleich wieder an der Oberfläche – um dann abermals in einem Schwall zu verschwinden. Anhieb! Mehrfach durchbricht ein kompakter, olivgrün glänzender Barsch die Wasseroberfläche. Wir bekommen die Energie zu spüren, die in diesen wehrhaften Stachelrücken steckt. Am anderen Ende der Leine tobt unverkennbar ein „Bass".

Ursprünglich stammen der Forellenbarsch oder „Largemouth Bass" (*Micropterus salmoides*) und sein naher Verwandter, der Schwarzbarsch oder „Smallmouth Bass" (*Micropterus dolomieui*), aus Seen und großen Flüssen Nordamerikas. Der Forellenbarsch ist in zentralen und westlichen Teilen Nordamerikas beheimatet und bevorzugt verkrautete Gewässer. Der Schwarzbarsch kommt ursprünglich aus zentralen und östlichen Teilen Nordamerikas und bevorzugt steinigen oder sandigen Grund. Die Laichzeit liegt jeweils im späten Frühjahr oder Sommer. Forellenbarsche erreichen in Amerika rund 80 cm, Schwarzbarsche maximal 68 cm. Sie unterscheiden sich vor allem in Maulgröße und Färbung (Forellenbarsch: Oberkiefer reicht bis hinter das Auge, Flanken mit unregelmäßigem, dunklen Querband; Schwarzbarsch: Oberkiefer reicht bis unter das Auge, Flanken meist mit kurzen dunklen Querbinden).

In vielen Teilen der Vereinigten Staaten hat das Streamerfischen auf „Bass" besonders im Bereich von stehenden Gewässern eine große Bedeutung. Nicht wenige Streamerfliegen und Streamertypen (z. B. Marabou-, Kaninchenfell- und Popper-Muster) sind im engen Umfeld der amerikanischen „Bass"-Fischer-Szene entstanden bzw. weiterentwickelt worden.

Mittlerweile hat man die kämpferischen Nordamerikaner in verschiedensten Teilen der Erde durch Besatz eingebracht bzw. eingebürgert, so z. B. in Mittelamerika, Kuba, in Teilen Südamerikas (Brasilien etc.) und seit 1883 in Teilen Europas. Schwarzbarsch-Bestände gibt es stellenweise z. B. in den Niederlanden, in Dänemark, Südfinnland und Deutschland. Forellenbarsch-Bestände gibt es z. B. in Tessiner Seen, im Wörther See, in Südost-Rußland und in Spanien (Foto 25, S. 70). In spanischen Gewässern sind Exemplare von mehr als 4 kg Gewicht anzutreffen. Die Fischerei konzentriert sich hier vor allem auf große Flüsse und Seen. Meist handelt es sich um künstliche stehende Gewässer, z. B. den Ebro-Stausee Mequinenza (Nordost-Spanien), Stauseen in der Extremadura wie Orellana, Garcia Sola, Serena und Rio Guadiana sowie Stauseen in Andalusien, wie z. B. Encinarejo, Rumblar und Yeguas.

Vom Boot, Belly Boat oder vom Ufer aus bietet sich meist von April bis September die Möglichkeit, mit der Schwimmschnur zu fischen. Die Barsche ernähren sich dann u. a. von Fischbrut, Insektenlarven, Kaulquappen und kleinen Fröschen. Ein an der Oberfläche mit kurzen Strips geführter Popper verfehlt in der warmen Jahreszeit nur selten seine Wirkung. Die Barsche werden durch Wellen, Luftblasen und Geräusche des Oberflächenmusters aufmerksam und steigen auf den Popper. Auch hoch geführte Streamermuster sind erfolgreich. Mit einem Schwall verschwindet die Fliege im Barschmaul – und der Drill kann beginnen. Nahe am Boot oder in Ufernähe lassen sich die Fische mit dem „Bass-Griff" landen. Hierzu greift man mit Daumen und Zeigefinger am offenen Unterkiefer fest zu. Wegen der winzigen Zähnchen ist diese Form der Landung unproblematisch und effektiv.

Neben der Schwimmschnur-Popper/Streamer-Variante besteht die Möglichkeit, mit einem tief geführten Streamer auf „Bass" zu fischen. Ich habe erfahrene amerikanische Fliegenfischer gefragt, welche Angelmethode sie als besonders effektiv ansehen. Wie aus einem Munde kam die Antwort: „‚Woolly Bugger' und Sinkschnur". Auch in Stauseen der Kanareninsel La Gomera fing ich alle „Bass" mit dieser Methode. Daher sollte man generell eine zweite Rolle bzw. Spule mit einer entsprechenden Schußkopf-Schnur (Deep & Down/T 300) im Tagesgepäck haben, um bei Bedarf einen Streamer im tiefen Wasser anbieten zu können. Ein paar olivgrüne, weiße und schwarze Muster mit „Marabou-Schwanz" bzw. aus hochbeweglichem Kaninchenfell gehören deshalb in die „Bass"-Fliegendose.

Urwaldbarsche

In Südamerika ist inmitten der sagenumwobenen „Grünen Hölle" des Amazonas-Urwaldes in Brasilien, in Kolumbien, Surinam sowie im Orinoko-Gebiet in Venezuela eine sensationelle Fischerei möglich, die zum Besten gehört, was die Tropengebiete dieser Erde zu bieten haben. Denn hier leben die gelblich grün leuchtenden Pfauenbarsche, die zu den Buntbarschen gerechnet werden (span.: pavón), und von denen drei nahe verwandte Arten für Streamerfischer höchst interessant sind:

- Peacock Pavon/Peacock Bass (*Cichla temensis*) – kenntlich an einer schwarzen Fleckenzeichnung direkt hinter dem Auge und drei vertikalen Streifen auf der Flanke, bis ca. 14 kg schwer,
- Butterfly Pavon (*Cichla ocellaris*) – kenntlich an drei oder mehr Augenflecken längs der Seitenlinie (Foto 24, S. 69), im Durchschnitt um die drei Pfund schwer, aber wohl 10 kg erreichend und heute bereits in anderen Tropengebieten wie Panama, Puerto Rico, Hawaii und Florida (Miami-Gebiet) ausgesetzt, um die explosionsartige Vermehrung afrikanischer Tilapia-Barsche etc. zu stoppen und
- Royal Pavon (*Cichla nigrolineatus*) – kenntlich an unregelmäßigen schwarzen Streifen auf der Flanke, offenbar nur bis vier Pfund schwer. Diese Art bevorzugt im Unterschied zu den vorgenannten offenbar schnellfließendes Wasser.

Streamerfischen auf diese explosiven Schönheiten ist ein großes Abenteuer. Es ist die Begegnung mit der schieren Kraft von Tropenfischen, die in Einzelfällen über 10 kg Gewicht auf die Waage bringen – mit Urwaldbarschen, die sich den Streamer für gewöhnlich in einem Gewaltakt einverleiben und nach dem Anbiß manchmal mit äußerster Energie einem Versteck inmitten versunkener Stämme und Äste zuzustreben suchen. Wer sich auf eine Reise zu den schönsten und wohl kampfstärksten Süßwasser-Barschen dieser Erde aufmacht, muß sich schon auf einiges gefaßt machen ...

Wie ein unerwarteter Gewehrschuß durchbrechen die raubenden Tropen-barsche die Abendstille eines lagunenartigen Urwaldfluß-Abschnittes. Die Boote der organisierten Expedition driften in einem Gebiet, das durch Seitenarme und Lagunen mit Unmassen toter, aus dem Wasser heraus-ragender Bäume gekennzeichnet ist. Ideale Einstände für die ganz großen Pfauenfische. Es herrscht große Spannung, als der gelbe „Popping Bug" an der Schwimmschnur zum ersten Mal auf die schwarze Wasserfläche hinaussegelt. Die Rutenspitze wird bis kurz übers Wasser abgesenkt. Die Fliege muß reißend schnell geführt werden. Dann stockt uns fast der Atem, als der „Peacock Bass" zuschlägt. Blitzschnell verschwindet die Fliege in einem großen Schwall. Mit dem Anhieb durchbricht der Urwaldbarsch die Wasseroberfläche. Akrobatische Saltos wechseln mit ungestümen, schnel-len Fluchten. Ein Entkommen ins Totholz muß unter allen Umständen verhindert werden. Es dauert etwas, bis der „Tucunaré", wie der Pfauen-barsch in Südamerika genannt wird, per Maul-Griff mit einer überdimen-sionalen, spitz zulaufenden Zange oder mit Lederhandschuhen gelandet werden kann. Wenn die Sonne hoch steht, rauben die Barsche oft in Grundnähe. Nun ist an den tiefsten Stellen der Seitenlagunen z. B. ein gel-ber Bunny-Streamer erfolgreich, der mit einer rasch absinkenden Schuß-kopf-Schnur angeboten wird. Eine möglichst schnelle Führung ist dabei ebenfalls ein Muß.

Im Amazonasbecken inklusive Venezuela und Surinam gibt es mehr Fischarten als im gesamten Atlantischen Ozean. Alle Wasserbewohner ohne rasenden Speed, ohne spitze Stacheln, scharfe Zähne und gewaltige Kraft sind dort bereits seit Äonen ausgestorben. Manche Welse erreichen über 100 kg, und es gibt neben den phantastischen Urwaldbarschen eine Fülle von respektablen, hierzulande noch völlig unbekannten Raubfischen, die für uns hochinteressant sind: z. B. Sardinata, Arowana, Morocoto, Cubinata, Picua und verschiedene Arten von Piranhas. Ferner gehören der Brocopondo-Stausee in Surinam sowie einige Seen in Venezuela (u. a. bei Valle de la Pascua) zu denjenigen südamerikanischen Gewässern, die ein sicheres Angeln auf die bunten Kraftpakete und andere Tropenfische bieten.

Passendes Gerät

Fischen auf „Largemouth-" und „Smallmouth Bass"
- Einhandrute von 2,75–3,05 m Länge (9–10 Fuß) der Schnurklasse 8
- Schwimmschnur (z. B. WF-8-Floating) sowie Sinkschnur oder Cortland Quick Descent 325 bzw. Teeny Line T-300/Deep & Down
- Als Vorfach eignet sich an der Schwimmschnur ein etwa rutenlanges, knotenlos verjüngtes Nylon-Monofil mit ca. 0,30 mm Spitze. Für die

Sinkschnur bzw. Schußkopf-Schnüre sollte ein 60–80 cm langes Monofil von ca. 0,30 mm Durchmesser Verwendung finden.

Fischen auf Urwaldbarsche:
- Einhandrute von 2,75–2,90 m Länge der Klassen 8–10, jeweils mit passender Rolle. Beim Fischen sollten immer **zwei** einsatzbereite Ruten im Boot liegen: eine Rute (Klasse 8/9) mit Schwimmschnur und Popper, eine zweite Rute (Klasse 9/10, z. B. G. Loomis Nautikos) mit schnellsinkender Schußkopf-Schnur und einem großen Streamer.
- Tropengeeignete Schwimmschnur, wie sie beim Salzwasserfischen zum Einsatz kommt (z. B. WF-9 von Scientific Anglers), ferner eine Teeny Line T-400 bzw. eine Cortland Quick Descent 425 grains Sinkleistung
- Vorfach an der Schwimmschnur: 1,80 m langes Nylon-Monofil von 0,60 mm Stärke (ca. 15 kg Tragkraft); an der Sinkschnur: 60–80 cm langes Monofil von 0,60–0,70 mm Stärke bzw. steifes 30-lb-Mason. Auf kleine Pfauenbarsche sollten Sie entsprechend geringere Vorfachstärken wählen.

Bass-Streamer
(Foto 26, S. 70)

Bass-Popper
Haken: Streamerhaken Größe 4–6
Faden: Schwarz
Schwanz: Vier Hahnenfedern, jeweils mit den Spitzen nach außen eingebunden
Hechelkranz: Zwei Hahnenfedern
Schwimmkörper: Verschiedenfarbiges Bucktail, zurechtgeschnitten (oder aus wasserfest lackiertem Balsaholz, Kork usw.)
Kopfknoten: Mit farblosem Lack sichern
Bass-Popper sind z. B. auch bei Th. Dürkop oder E. Brinkhoff (s. Anhang, S. 170) zu beziehen.

Black Woolly Bugger
Haken: Streamerhaken Größe 4–6
Faden: Schwarz
Schwanz: Schwarzes Marabou (etwa Hakenlänge); darüber ggf. wenige Streifen rotes Flashabou
Körper: Wahlweise Bleidrahtwicklung; schwarze Hahnenfeder (Körperhechel); schwarzes Chenille
Kopf: Schwarz

Black Bunny-Streamer
(Bindeweise: W. Schulte)
Haken: Streamerhaken Größe 4–6
Faden: Schwarz
Schwanz: Perlmutt Krystal Flash; darüber schwarzer Kaninchenfellstreifen („zonker-strip", 5–6 cm lang)
Körper: Schwarzer Kaninchenfellstreifen hechelartig nach vorne um den Haken winden (vgl. Bindeanleitung „Bunny Bug" im Kapitel „Streamerfischen auf Hecht")
Kopf: Schwarz

Urwaldbarsch-Streamermuster

Neben „Deceiver"-Fliegen (vgl. Kapitel „Dorados, ..." und „Auf Kingfish, ...") eignen sich beim Streamerfischen auf Urwald- bzw. Pfauenbarsche z. B. folgende Muster (Foto 26, S. 70):

Gelber Bunny Bug
(B. Reynolds & J. Berryman; Bindeweise: W. Schulte)
Haken: Größe 4/0–6/0. Wahlweise kann auf dem Hakenschenkel eine Schlinge aus 15 kg tragendem Kevlar festgelegt werden, um hier später bei Bedarf einen zweiten Einzelhaken einschlaufen zu können.
Faden: Gelb
Schwanz: Goldenes Flashabou, gelber Kaninchenfellstreifen (ca. 10 cm lang), darüber reichlich oranges Krystal Flash, seitlich je eine grizzly-natur-farbene Hahnensattelfeder
Körper: Gelber Kaninchenfellstreifen (ca. 14 cm lang), im Palmerstil nach vorn gewunden (feste Wicklungen, Haar nach jeder Windung zurückstrei-chen), vorn rundum 4 cm lange Streifen oranges Krystal Flash (oder golde-nes Flashabou) einbinden
Wangen: Rotes Marabou (oder Polarfuchs)
Kopf: Farbloser Lack, ggf. Augen aufgetupft: gelber und schwarzer Binde-lack
Der gelbe „Bunny Bug" ist ein ganz hervorragender Hechtstreamer. In Süd-amerika hat dieser Streamer mit viel Flash (stark glitzernd!) u. a. auf Pfauen-barsche seine Fängigkeit bewiesen.

Popping Bug
(Bill Gallasch; Bindeweise: W. Schulte)
Haken: Sehr langschenklig, Größe ca. 4/0
Faden: Gelb oder Weiß
Schwanz: Gelbes Fishhair und oranges Krystal Flash (Variante: Weißes Fish-hair, darüber weißes Krystal Flash)

Körper: Vorgefertigter Ethafoam-Popperkörper; Haken durchstoßen und mit Epoxy-Kleber fixieren, colorieren (Gelb oder Weiß etc.).

Diese von Bill Gallasch konzipierte Popper-Fliege wird in Südamerika (Urwaldflüsse, Seitenlagunen) mit der Schwimmschnur reißend schnell gefischt. In der Karibik wird sie z. B. in Gezeitenkanälen gegen die Strömung eingestrippt und bewährt sich auf Barrakuda und Crevalle Jack. Auf dem offenen Meer ist dieses Muster z. B. auf Dolphin und Thunfische erfolgreich.

Tips für das Fischen auf Urwaldbarsche

Gewässer: Beste Zielgebiete sind z. B. Seen in Venezuela und Surinam, ferner das System des Rio Casiquiare und Rio Branco, Nebenflüsse des Rio Negro, die Rio Trombetas-Region und viele andere südamerikanische Gewässer, wenn die Wasserverhältnisse stimmen.

Regenzeit: Während der Regenzeit sind die Fangchancen in vielen Fließgewässern gleich Null, da die Flüsse dann riesige Urwaldgebiete überfluten. Beutefische und Raubfischarten ziehen oft tief in die überschwemmten Wälder und sind unerreichbar.

Saison: Nördlich des Äquators beginnt die Regenzeit oft im April/Mai; die beste Fangsaison in Flüssen liegt zwischen Dezember und März. Südlich des Äquators beginnt die Regenzeit oft im Dezember; die beste Fangzeit liegt dort zwischen Juli und September. Seen bzw. Stauseen bieten oft ganzjährig reelle Fangaussichten.

Impfungen: Erkundigen Sie sich beim Arzt oder zuständigen Impfstellen über notwendige Gesundheitsvorsorgen, denken Sie an Sonnen- und Mückenschutz.

Salmoniden und Salmler

Streamerfischen auf Forellen

Am Vorfachende ist ein „Luzi"-Streamer angeknotet. Leicht stromab und querüber transportiert die Fliegenschnur das Muster. Nun muß man der Sinktip-Schnurspitze und dem Streamer die Möglichkeit zum Absinken geben. Sofort nachdem die Fliege eingetaucht ist, muß die Schnur deshalb mit leichtem Wurf aus dem Handgelenk in einem Bogen mehrfach stromauf gelegt werden („mending the line"). Dabei wird jedesmal etwas Schnur von der Rolle nachgefüttert. Hierdurch können Sinkspitze und Streamer ungehindert abtreiben und tief absinken. Gibt man keine Schnur mehr nach, strecken sich Schnur und Vorfach in der Strömung. In diesem Moment erfolgt ein Biß! Die Rute ist unter Vollast. Am anderen Ende ein dumpfes Bohren, ein starker Fisch. Unter einem im Gumpen halb versunkenen Baumstamm hatten wir die Raubforelle vermutet. Jetzt zieht der Fisch unter dem Einstand hervor und zeigt sich das erste Mal an der Oberfläche. Eine wunderschön gefärbte, große Bachforelle. Der Kolk ist tief, denn hier hat sich die thüringische Hörsel etwa zwei Meter ins Flußbett eingegraben. Genug Raum für einen fantastischen Drill. Am flachen Kiesufer ist die Forelle sicher zu landen. Unser erstes Highlight an diesem sagenumwobenen kleinen Fluß.

An der Hörsel

Wir fischen am Fuße der Hörselberge in der Nähe von Eisenach in Thüringen. Hier liegt eine der landschaftlich reizvollsten Teilstrecken der Hörsel zwischen Wutha-Farnroda und Schönau. Die Strecke ist von Mäandern geprägt, wild und urwüchsig. Hier begegnet man häufig der Wasseramsel und dem Eisvogel. Die Hörsel entspringt am Nordrand des Thüringer Waldes zum Thüringer Becken hin. Sie verläuft in westlicher Richtung parallel zum Thüringer Wald. Nach rund 30 Kilometern mündet die Hörsel beim gleichnamigen Dörfchen Hörsel in die Werra.

Im schnellfließenden Wasser der Ein- und Ausläufe von Gumpen, aber auch in Rinnen, an Wurzeln und unterspülten Ufern finden wir typische Einstände der Bachforelle (*Salmo trutta fario*). In den gemächlicher fließenden Kolken steht naturgemäß gern die Regenbogenforelle (*Oncorhynchus mykiss*). Vor allem stärkere Regenbogenforellen finden sich hier ein. Sie können für manche Überraschung sorgen – was die Stückgewichte der Kapitalen angeht. Sechs- bis achtpfündige „Rainbows" sind schon gelandet worden. Sollten wir mit solch einer Großforelle einmal in Kontakt kommen, dann wird der Drill zum unvergeßlichen Erlebnis. Es lohnt sich, Thüringens Gewässer genauer kennenzulernen. Gerade die nahrungsreichen, kleinen Flüsse werden bei schnellem Hinsehen nur allzu leicht verkannt. Doch sie bieten eine naturverbundene und oft produktive Fischerei.

Man pirscht sich watend z. B. stromauf an die Salmoniden-Einstände heran. Eine Neopren-Wathose ist bei dieser Fischerei unverzichtbar. Oft befindet man sich unter einem dichten Blätterdach. Die Ufer sind stellenweise fast senkrecht. Der Fluß hat sich dort wie ein Cañon in den lehmigen Kiesboden eingeschnitten. Viele Hörsel-Bachforellen weisen eine wunderschöne Zeichnung auf. Ihre Bauchflossen sind weiß gesäumt, und die roten Punkte setzen sich oft bis auf die Fettflosse fort (Foto 27, S. 70). Die Hörsel ist abschnittsweise nicht einfach zu befischen. Zugewachsene Ufer mit wenig Wurfraum machen Rollwürfe erforderlich. An vielen Stellen ist unter dem Blätterdach der Bäume in der Längsrichtung zum Fluß jedoch genug Wurfraum gegeben. Die Hörsel hat das ganze Jahr hindurch fast immer eine gewisse Grundtrübung, was für die Streamerfischerei aber kein Nachteil ist.

Die Forellen der Werra

Auch die Werra ist ein bemerkenswerter Fluß mit einem stellenweise guten Forellenbestand. Wer mit den Werra-Bachforellen und vor allen Dingen mit der einen oder anderen kapitalen Werra-„Rainbow" Bekanntschaft gemacht hat, der wird am Stammtisch manchem Nordamerika-Fahrer noch etwas zu erzählen haben. Oberhalb eines tiefen Kolkes hatte ich mich langsam und vorsichtig vom Ufer in den angetrübten Fluß gleiten lassen. Vor mir eine kurze, schnell strömende Partie und dahinter ein tiefer Gumpen. Beide Ufer sind wie an vielen Stellen von Weiden und Erlen gesäumt. Aber in der Längsrichtung zum Fluß ist auch hier genug Wurfraum vorhanden. Weit transportiert die Schußkopf-Schnur meine „Luzi" stromab in Richtung Einlauf. Ich gebe etwas Schnur nach, damit der Streamer tiefer absinken kann und warte, bis sich die Leine streckt. Genau in diesem Moment streckt sich auch das Vorfach und die Fliege steigt hoch. Ich beginne, Schnur einzuzupfen. Ein kurzer Ruck und dann ein Schwall. Kopf und breite Flanke einer großen Regenbogenforelle erscheinen an der Ober-

Foto 22   Rapfen aus dem Neckar

Foto 23   Von links nach rechts: Flashabou-Bucktails (2 x); Thunder Creek Silver Shiner; Rapfen-Streamer (2 x); Zonker-Streamer; White Machine; White Machine-Brutfisch; Rapfen-Popper

Foto 24   Der südamerikanische Butterfly Pavon – einer jener sagenhaften Urwaldbarsche – kann bis zu 10 kg erreichen.

Foto 26　Von links nach rechts: Bass-Popper (2 x); Black Woolly Bugger; Black Bunny-Streamer; Gelber Bunny Bug; Popping Bug

Foto 25　Kompakte spanische „Bass"

↑ Foto 29　Von links nach rechts: Luzi mit Kettchenaugen; Luzi mit Glasaugen; Black Luzi; Polystickle; Bunny-Streamer

← Foto 27　Bachforelle aus der Hörsel (Thüringen)

← Foto 28　Prächtiger Saibling von 71 cm aus dem Lago Fagnano (Feuerland)

fläche. Die Forelle schnappt ins Leere. Ob sie ein zweites Mal nimmt? Also nochmal das Ganze: Wurf stromab, Schnur zufüttern, langsam mit kurzen Strips einholen – Biß! Die „Rainbow" hat sich selbst gehakt. Nur mit Mühe ist sie im Gumpen zu halten und kann nach weiten Fluchten gelandet werden. Ob noch eine Forelle aus diesem beunruhigten Wasser zu landen ist? Wurf, tiefer absinken lassen, den Streamer weiter in den Kolk hineintreiben lassen, langsam einstrippen. Eine zweite dicke Regenbogenforelle faßt zu und kann nach nervenaufreibendem Drill neben dem anderen Fisch auf eine Schicht Blätter niedergelegt werden. Fast wie in Alaska ...

Die Großforellen Neuseelands, Nord- und Südamerikas

Reisefreudigen Forellenfischern hat Neuseeland einiges zu bieten. Es gibt Forellenflüsse und -seen in solcher Anzahl und Qualität wie fast nirgendwo sonst auf dieser Welt. Doch gute Guides sind hier eine Voraussetzung für den Erfolg, denn sie haben die notwendige Ortskenntnis und ein geschultes Auge für den Fisch. Regenbogenforellen dominieren die Nordinsel und Bachforellen die Südinsel, teilweise kommen beide Forellenarten vor. Jedes Jahr werden Großforellen von zehn Pfund und darüber gelandet. Da die ganz großen Forellen aber oft ziemlich rar sind (teilweise nur ein Fisch auf einem bis mehreren Flußkilometern), das Wasser oft glasklar ist und die Fische entsprechend vorsichtig, gehen Touren auf eigene Faust selten erfolgreich aus. Die Angelsaison beginnt in den meisten Gewässern im Oktober.

Auch in Nordamerika (Alaska und Kanada) und im Süden Lateinamerikas (Argentinien und Chile) ist an bestimmten Flüssen und Seen eine hervorragende Forellenfischerei möglich. Der in Feuerland gelegene, grandiose Lago Fagnano (125 km lang und 7–15 km breit) ist ein Beispiel unter vielen für die hier vorhandenen Traumgewässer mit bemerkenswerten Beständen großer Bachforellen bis ca. 10 kg und wunderschönen, kapitalen Saiblingen (Foto 28, S. 70), die dort z. B. auf Streamermuster gelandet werden können. Aber nicht immer sind es die großen Marabou-Muster (s. auch Kapitel „Kapitale ‚Sea-Running Brown Trouts' und Seeforellen") oder der „Bunny"-Streamer, die an Flüssen oder Seen eine kapitale Forelle an den Haken bringen. So kann bei starkem Brutfisch-Aufkommen auch ein an der Trockenschnur schnell und mit Intervallen an der Oberfläche gefischter kleiner „Polystickle"-Streamer an 0,20-mm-Vorfach-Spitze für „gewichtige" Überraschungen sorgen (Foto 31, S. 87)!

Slowenien

Um auf ganz besondere Forellen mit dem Streamer zu fischen, ist Slowenien in Europa eine der ersten Adressen. Ein wunderschöner Fluß mit einem herausragenden Bestand an Super-Forellen, mit weißem Kiesgrund, kristallklarem und türkis leuchtendem Wasser ist z. B. die Soča. Beim Streamerfischen in der Soča im März, April oder im Mai sind potentiell nicht nur Bach- und Regenbogenforellen zu landen, sondern auch Marmorata-Forellen. Die Marmorata (*Salmo trutta marmoratus*) ist eine Unterart der Bachforelle, die selten rund 1,30 m lang und über 20 kg schwer werden kann. Ein durch Blitzschlag 1997 getötetes Riesenexemplar soll 28 kg gewogen haben. Ihr Bestand ist wegen der Durchmischung mit Bachforellen (-Bastarden) leider schon stark gefährdet.

Passendes Gerät

Für das Streamerfischen auf Forellen kann folgendes Gerät empfohlen werden:

- Einhandrute von 2,45 m–2,75 m Länge (8–9 Fuß) der Klasse 5/6 für kleine Flüsse und Teiche; Einhandrute von 2,75 m–3,05 m Länge der Klasse 8 für mittlere bis große Flüsse, Seen bzw. Großforellen – jeweils mit passender Rolle;
- für Klasse 5/6 eine Sinktip-Schnur, eine Cordland Quick Descent 225 oder Teeny Line T-200/Deep & Down bzw. ein entsprechender Sink-Schußkopf mit Running Line, ferner eine WF 5/6-Schwimmschnur; für Klasse 8 eine Quick Descent 325 oder Teeny Line T-300, ferner eine WF 8/9-Schwimmschnur;
- als Vorfach an der Sinktip- oder Schußkopf-Schnur ein ca. 60 cm langes Monofil von 0,25 mm–0,35 mm Stärke. An der Schwimmschnur ist ein rutenlanges, eventuell bis ca. 3,50 m langes, z. B. knotenlos verjüngtes Vorfach mit 0,20 mm–0,30 mm starker Spitze empfehlenswert.

Streamer
(Foto 29, S. 70)

Luzi
(W. Schulte)
Haken: TMC 811 S Größe 4; Streamerhaken Größe 6–8
Faden: Weiß
Beschwerung: Kettchen- oder kleine Glasaugen
Flügel: Rundum hellblaues Lureflash oder Flashabou, darüber weißes Haar vom Fuchsschwanz oder Ziegenhaar, darüber hellblaues Krystal Flash, rundum einige Streifen goldenes Lureflash
Kopf: Mit dickem weißen Baumwoll-Faden die Glas- oder Kettchenaugen umwinden, um dem Kopfteil mehr Volumen zu geben; farblos lackieren

Black Luzi
(W. Schulte)
Haken: TMC 881 S Größe 4; Streamerhaken Größe 6–8
Faden: Schwarz
Beschwerung: Kettchen- oder kleine Glasaugen
Flügel: Rundum hellblaues Lureflash und perlmutt Flashabou, darüber grau-schwarzes Haar vom Fuchsschwanz, darüber schwarzes Krystal Flash
Kopf: Mit schwarzem Lurex die Augen umwinden; farblos oder schwarz lacken
Ein erfolgreiches Streamermuster für den Fang von z. B. Bachforellen, Regenbogenforellen und Barschen. Das helle Muster hat sich außerdem in der Karibik auf Bonefish bis 9 Pfund bewährt. An Stillgewässern bzw. Regenbogenforellen-Seen oder -Teichen sind mit dem dunklen wie mit dem hellen Muster gute Erfolge zu erzielen. Bewährt hat sich dort eine tiefe und langsame Führung z. B. vom Ufer aus mit der Schwimmschnur, einem schwimmenden Bißanzeiger sowie mit einem überlangen Vorfach. Die „Luzi" wird nach dem Absinkenlassen kurz über dem Gewässergrund gezupft. Vom Boot und teilweise auch vom Ufer aus kann ferner eine schnellsinkende Schußkopf-Schnur und ein kurzes Vorfach zum Einsatz kommen.

Bunny-Großforellen-Streamer
(Th. Dürkop)
Haken: Streamerhaken Größe 4, Lachshaken Größe 1/0–4
Faden: Beliebig
Beschwerung: Cone head (vergoldeter Messingkopf)
Schwanz: Bräunlicher Kaninchenfellstreifen (ca. 5 cm lang)
Körper: Den Rest des Kaninchenfellstreifens vom Hakenende hechelartig um den Hakenschenkel nach vorne zum Öhr winden
Ein Muster, welches Koppen und andere Kleinfische imitiert und sich weltweit beim Streamerfischen auf große Forellen bewährt.

Polystickle
(Th. Dürkop)
Haken: Streamerhaken 8–10
Faden: Schwarz
Körper: Farbloser Latex-Streifen (am Hakenende einbinden); schwarzes Floss über zwei Drittel des Hakenschenkels, davor rotes Floss; den leicht tropfenförmig gewickelten Körper mit dem schmalen Latex-Streifen umwinden
Schwanz und Rücken: Braunes Raffia (= Polyäthylen-"Bast")
Barthechel: Oranger Hahn
Kopf: Schwarz
Von Dick Walker um 1966 entwickeltes Muster, um Fischbrut und kleine Stichlinge (engl.: sticklebacks) zu imitieren. Das ursprünglich für englische

Talsperren und Seen entwickelte Muster kann in bestimmten Situationen (z. B. hohes Brutfischaufkommen) in fließenden Gewässern sehr gute Erfolge zeitigen. Der Streamer kann bei Thomas Dürkop bezogen werden, dessen Ausnahme-"Rainbow" (Foto 31, S. 87) einen „Polystickle" nahm.

▓ Kapitale „Sea-Running Brown Trouts" und Seeforellen

Meerforellenfischen in Feuerland und Patagonien

Um die Jahrhundertwende wurden im Süden von Argentinien und Chile Bachforellen ausgesetzt, die sich in den teilweise sehr nährstoffarmen, von Huminstoffen zum Teil torfig-braun gefärbten südamerikanischen Flüssen wahrscheinlich wegen des geringen Nahrungsaufkommens zu oftmals kapitalen, meerwandernden „Sea-Running Brown Trouts" entwickelten. Zum Laichen kehren diese Ausnahmeforellen wieder in die Flüsse ihrer Geburt zurück. Damit war in Südamerika die Grundlage für eine hervorragende Fischerei gelegt worden, die mehr und mehr Streamerfischer in ihren Bann zieht.

Wer in den Flüssen der Insel Feuerland bzw. in Patagonien (Argentinien und Chile) mit der Fliege auf die hier aufsteigenden großen Forellen fischen möchte, sollte dafür den Zeitraum Dezember bis Anfang April einplanen. Die beste Fangperiode liegt häufig zwischen Januar und März. Einer der bekanntesten Meerforellenflüsse auf Feuerland ist der Rio Grande, der fast zur Gänze durch Privatbesitz fließt (vier „Estancias", auf denen hauptsächlich Schafzucht betrieben wird). Eine Überfischung ist daher kaum möglich. Nach einer aktuellen Statistik, die seit 1982 geführt wird (Stand 1998), haben etwa 80 % der Meerforellen, die in Feuerland im Rio Grande aufsteigen, ein Durchschnittsgewicht von 4,0–5,5 kg, etwa 8 % haben ein Gewicht von 6–8 kg und rund 2 % der Meerforellen wiegen zwischen 8 und 15 kg (Foto 30, S. 75). Darüber hinaus werden hin und wieder Regenbogen- und Bachforellen gefangen, die bis 6 kg erreichen können. Die zu befischende Flußstrecke am Rio Grande beträgt rund 55 Kilometer. Die Strecke beginnt etwa 5 km oberhalb des Ortes Rio Grande (Mündungsgebiet), der rund 3000 km südlich von Buenos Aires gelegen ist. Der ebenfalls produktive Nebenfluß Rio Menendez kann von der Mündung in den Rio Grande aufwärts, auf einer Strecke von etwa 15 Kilometern befischt werden.

Feuerland – das bedeutet karge, windgepeitschte Weiten. Der in den Anden entspringende Rio Grande mäandriert durch riesige, baumlose und torfige Graseebenen und hat an den Prallhängen teilweise sandige Steilufer

Foto 30   Kapitale Meerforelle von 28 Pfund aus dem Rio Grande (Feuerland)

geschaffen. Tiefe Holding-Pools wechseln mit flachen Rieselstrecken. Im Mittellauf ist der Fluß etwa 30–40 m breit. Neben weidenden Schafen, die oft wie Schneeflocken über die braun-grüne Grasebene verteilt sind, Magellan-Gänsen, Flamingos und dem Kondor können wir Guanakos, Füchsen, Ottern und Bibern begegnen. Manchmal steigt in den Fluß auch ein Seelöwe auf. Im Februar herrscht hier Hochsommer. Die Lufttemperatur liegt morgens oft zwischen 5 und 10 °C. Auch wenn die Sonne scheint, steigt die Lufttemperatur selten höher als 15–20 °C (Maxima etwa 25 °C). Die Wassertemperatur kann im Februar ca. 11 °C betragen. Zudem weht oft der berühmt-berüchtigte Feuerland-Wind. Wetterfeste, warme Kleidung, z. B. Thermo-Unterwäsche, Fleece-Pullover, Neopren-Wathose, eine regendichte Watjacke mit weit geschnittener Kapuze und eine warme Mütze sind existentiell wichtig.

Gefischt wird mit Ruten der Klasse 8 bis 9, schnellsinkendem Schußkopf bzw. schnellsinkenden Schußkopf-Schnüren (z. B. bei hohem Wasser), ferner mit der Intermediate- oder Schwimmschnur (z. B. bei mittleren und niedrigen Wasserständen). Vor allem an klaren, sonnigen Tagen liegt die Hauptbeißzeit in der Dämmerung. Geworfen wird mit der hier häufig gefischten schnellsinkenden Schußkopf-Schnur in der Regel querüber oder schräg stromab. Nach dem Schnur-Mending erfolgen etwa drei bis fünf kurze Strips. Danach läßt man Schnur und Vorfach herumtreiben, holt die Leine mit weiteren Schnurzügen ein und nimmt sie zum nächsten Wurf wieder auf. Rückschwung – Vorschwung und den Sinkschußkopf schießen lassen. Diese effiziente Technik überwindet nötigenfalls auch scharf blasenden Gegenwind. Das Vorfach besteht aus einem 60–100 cm langen Stück Nylon-Monofil. Tagsüber sollte man ein 0,30 mm starkes Monofil fischen, in der Dämmerung und nachts 0,35–0,40 mm starkes Nylon.

In Feuerland bzw. Patagonien werden die meisten (Meer-) Forellen auf dunkle Marabou-Streamer wie den „Black Woolly Bugger", z. B. in Hakengröße 4, gelandet. Ferner haben sich z. B. argentinische Streamermuster wie der „Chimehuin negra" (Flügel aus weichen, schwarzen Straußenfibern) sowie dunkle „Bunny"-Fliegen bewährt, die aus Kaninchenfellstreifen gebunden werden. Röhrchenfliegen mit langer schwarzer Schwinge aus z. B. Ziegenhaar, auf kurze Plastik- oder Kupfer-Tubes gebunden (s. Kapitel „Streamertaktik auf Atlantiklachs"), haben sich ebenfalls als erfolgreich erwiesen. Meist werden bei den Feuerland-Streamern weiche Materialien verwendet, die sich im Wasser lebendig-pulsierend bewegen und gegen den Himmel eine deutliche Silhouette abgeben. Alle Muster müssen auf Einzelhaken gebunden sein bzw. als Waddington- oder Röhrchenfliege („tube fly") mit Einzelhaken gefischt werden.

Als die bekannten und weitgereisten amerikanischen Fliegenfischer Joe Brooks und Mel Krieger in den sechziger Jahren an der Südspitze Südamerikas fischten, waren sie vom Rio Grande und seinen kräftigen Forellen begeistert, obwohl die Durchschnittsgröße der Fische damals noch 1–3 kg betrug. Etwa dreißig Jahre später sind die Bedingungen, was die Zahl der Bisse und Fänge angeht, immer noch fantastisch. Zudem sind die heutigen Durchschnittsfische mit rund fünf Kilogramm deutlich größer und schwerer als in den sechziger Jahren. In Zeiten, wo sich weltweit die Qualität zahlreicher Gewässer negativ entwickelt, ist diese Tendenz bemerkenswert. Neben dem Rio Grande-System zählen im chilenischen Teil Feuerlands ferner z. B. der Rio Condor und in Süd-Argentinien (Patagonien) der Rio Gallegos zu den besten Gewässern. Die Qualität dieser Fischerei in Südamerika auf kapitale Meerforellen ist weltweit unerreicht (Foto 32, S. 87).

Seeforelle – der Königsfisch

Die Seeforelle (*Salmo trutta lacustris*) gilt als Wanderform aus dem Formenkreis der Forelle, die von Nordrußland, Skandinavien, Island, Schottland und Irland („Ferox Trout") über Mitteleuropa und die Alpenregion bis ins ehemalige Jugoslawien große, tiefe und sauerstoffreiche Seen bewohnt. Die Seeforelle steigt zum Ablaichen meist zwischen Oktober und Dezember in die Zuflüsse der Seen auf. Gelegentlich laichen die Fische auch im See selbst. Die Jungforellen ziehen nach einem bis zwei Jahren in den See zurück und können – sofern sie nicht vorher gefressen oder gefangen werden – zu enormen Stückgewichten abwachsen. Rekordfische erreichen 20–30 kg Gewicht und 1,40–1,50 m Länge. Solche kapitalen Seeforellen sind wahrscheinlich seltener (und damit höher zu bewerten) als große Huchen.

Das Streamerfischen auf Seeforellen kann in vielen Alpenseen Österreichs und der Schweiz ausgeübt werden. In Deutschland zählen etliche Seen des Alpenraums (z. B. Walchensee, Starnberger See, Schliersee, Chiemsee, Tegernsee), des Schwarzwalds (z. B. Titisee und Schluchsee) sowie eine Reihe von Talsperren (z. B. die Bigge-Talsperre im Sauerland) zu den herausragenden Seeforellen-Gewässern. Bei zumeist geringen Lizenzgebühren bietet sich also ein recht breites Betätigungsfeld mit der Streamerrute auf einen ganz besonderen „Königsfisch", der sicherlich nicht alle Tage an den Haken geht.

Bernd Taller aus Karlsruhe ist einer derjenigen Fliegenfischer, die Seeforellen mit dem Streamer gelandet haben. Sein Lieblingsgewässer ist der berühmte Walchensee. Der Maler L. Corinth beschrieb den Walchensee einmal folgendermaßen: „Der See wechselt seine rätselhaften Farben und Stimmungen. Bald blitzt er wie ein Smaragd, bald wird er blau wie ein Saphir. Uralte, schwarze Tannen spiegeln sich im klaren Wasser". Am Seeufer kann z. B. vom Hackl aus, einer sandigen Landzunge am Südufer, mit dem Renken- und Saiblingmuster auf Seeforellen gestreamert werden. Eine schnelle Streamerführung in unterschiedlichen Tiefen ist vom Ufer aus wichtig. Dabei sollte das Vorfach aus ca. 0,30 mm glasklarem Monofil an der Teeny Line T-300 oder an der Quick Descent 325 maximal 80 cm lang sein. Das Mindestmaß für Forellen beträgt 50 cm. Seeforellen dieser Größe können schon ca. fünf Pfund wiegen. Wir haben es also mit kompakten, starken Fischen zu tun (Foto 34, S. 87).

Beim Streamerschleppen sollte ein flottes Fußgängertempo gerudert werden. Das Vorfach sollte nun etwa rutenlang sein und aus 0,35-mm-Nylon-Monofil bestehen. Vom 1. März an darf auf dem Walchensee vom Boot aus gefischt werden. Vor allem im April und Mai stehen zeitweise auch kapitale Fische in den oberen Wasserschichten, die dort auf Zuckmücken und kleine Fische jagen. Meist waren in der Vergangenheit konventionelle Schleppfischer u. a. mit leichten Perlmutt-Löffeln auf Seeforellen der 10- bis 20-Pfund-Klasse (und darüber ...) erfolgreich. Doch dies läßt sich zukünftig ja ändern: z. B. mittels einer kräftigen Streamerrute, einer schnellsinkenden Schußkopf-Schnur (die sich hervorragend zum Streamerschleppen eignet) und z. B. mittels eines grizzly-naturgrauen „Bunny"-Streamers mit viel glitzerndem Flash (s. Kapitel „Yukons prächtige Saiblinge").

Passendes Gerät

- Einhandrute von 2,75–3,05 m Länge (9–10 Fuß) der Klasse 8/9 mit passender Rolle für 150 bis 200 m Backing
- Teeny Line T-300/Deep & Down oder Cortland Quick Descent 325 bzw. schnellsinkender Schußkopf in Kombination mit einer dünnen Schußleine (ggf. eine T-400 oder Quick Descent 425), darüber hinaus eine Intermediate- und eine Schwimmschnur
- Als Vorfach ein bis ca. 80 cm langes Stück Nylon-Monofil von 0,30 mm, 0,35 mm oder 0,40 mm Stärke (z. B. Stroft GTM). Oftmals ist beim Fischen in der Tiefe ein kurzes, nur bis ca. 60 cm langes Vorfach ausreichend. An der Intermediate- und Schwimmschnur sollte das Vorfach etwa Rutenlänge haben.

Feuerland-/Patagonien-Streamer
(Foto 33, S. 87)

Feuerland-Black Woolly Bugger
(Argentinische Guides)
Haken: Streamerhaken Größe 4 (auch in Gr. 2 und 6)
Faden: Schwarz
Schwanz: Schwarzes Marabou (Fibern etwa hakenlang)
Körper: Wahlweise Bleidraht-Beschwerung aufwickeln, schwarze Hahnenfeder (Körperhechel), schwarze Chenille; seitlich vor dem Überwinden mit Hechelfeder/Bindefaden auf jeder Seite drei ca. 8 cm lange Streifen perlmutt (oder rotes) Flashabou hinter dem Öhr fixieren
Kopf: Schwarz
Die wohl wichtigste „Erfolgsfliege" in Feuerland und Patagonien. Varianten, z. B. mit rotem Flashabou im schwarzen Schwanz oder mit dunkeloliv bzw. dunkelbraun gefärbtem Marabou und Chenille, sind erlaubt.

Chimehuin negra
(Argentinien)
Haken: Streamerhaken Größe 2 (auch in Gr. 4)
Faden: Schwarz, dünn und reißfest
Schwanz: Rote Feder-Fibern
Rippung: Schmales flaches Goldtinsel
Körper: Schwarze Chenille
Flügel: Etwa 20 schwarze Straußen-Fibern
Kragen: Rehhaar
Muddler-Kopf: Rehhaar, rundum eingebunden und gestutzt
Der Rio Chimehuin, nahe Junin de los Andes im Süden Argentiniens gelegen, ist berühmt-berüchtigt. Wo er in den Lago Huechulafquen einmündet,

stehen in glasklarem Wasser (sichtig bis 6 m Tiefe) Forellen bis ca. 8 kg Gewicht – fast unfangbar! Doch in der Dämmerung ist dieser Streamer dort ebenso erfolgreich gewesen, wie er es bei beständigen Fängen großer „Sea-Running Brown Trouts" auf Feuerland bzw. im Rio Grande ist.

Meerforellen-Waddington
(Th. Dürkop)
Waddington-Shank: Etwa 5 cm lang
Haken: Z. B. Einzelhaken Größe 4
Rippung: Feiner Kupferdraht
Körper: Zwei dunkelbraune oder schwarze Kaninchenfellstreifen (oben und unten auf den „Shank" geklebt und mit feinem Kupferdraht gesichert), darüber rundum gold-blaues Flashabou
Kragen: Rundum rote Marabou-Endfibern
Kopf: Schwarz
Eine seit Jahren in Feuerland und Patagonien erfolgreiche Fliege im Waddington-Stil, die dem Fisch das „Loshebeln" vom Haken erschwert, wie es im Drill z. B. bei langen Hakenschenkeln der Fall sein kann. Der Einzelhaken muß mit einem aufgeschobenen Ventilgummi- oder Silikon-Schlauch „in der Flucht" gehalten werden. Das weiche Körpermaterial „spielt" gut in der Strömung. Thomas Dürkop landete mit diesem Streamer kapitale Meerforellen von 10,5 kg und darüber.

Bunny Leech
(Umpqua)
Haken: Streamerhaken Größe 2–6
Faden: Schwarz
Schwanz: Einige kurze Streifen rotes Flashabou, darüber ein 4–5 cm langer Kaninchenfellstreifen (schwarz oder violett)
Körper: Wahlweise Bleidraht-Wicklung; Kaninchenfellstreifen (schwarz oder violett) am Hakenende festlegen und hechelartig nach vorn winden
Kopf: Schwarz
„Bunny Leeches" sind z. B. über Erich Brinkhoff zu beziehen.
„Woolly Bugger"- und „Chimehuin negra"-Streamer können z. B. auch in Feuerland erworben werden (Info-Adressen für Argentinien: Manfred Raguse, ferner Thomas Dürkop, s. Anhang).

Seeforellen-Streamer
(Foto 33, S. 87)

Für das Schleppfischen mit dem Streamer kann z. B. der grizzly-naturgraue „Bunny Bug" eingesetzt werden (s. Kapitel „Yukons prächtige Saiblinge"). Für das Streamerfischen vom Ufer aus rät Bernd Taller zu zwei Streamern, die je nach Farbton des Flash-Materials junge Renken und junge Saiblinge imitieren.

Saiblings-Streamer
(B. Taller)
Haken: Lachs-Einzelhaken Größe 4–6
Faden: Schwarz
Körper: Flaches Silbertinsel
Flügel: Schwarzes Ziegenhaar, darüber rundum blaues und silbernes Flashabou
Kopf: Schwarz

Renken-Streamer
(B. Taller)
Haken: Lachs-Einzelhaken Größe 4–6
Faden: Schwarz
Körper: Olivgrünes Antron
Flügel: Schwarzes Ziegenhaar, darüber rundum gelblich perlmuttfarbenes Flashabou
Kopf: Schwarz

▪ Streamertaktik auf Atlantiklachs

Das klassische Lachsfischen bzw. das Fischen mit Naßfliege und Schwimmschnur oder Intermediate erfordert einen Wurf stromab, das Menden der Schnur und die Drift der Fliege (sie treibt mit der Strömung auf den Fisch zu). Dabei senkt man die Rute langsam und folgt mit der Rutenspitze der abtreibenden Schnur. Dann pendeln Schnur und Fliege unterhalb des Fischers in der Strömung aus und werden eingeholt. Nun hebt man die Schnur mit einem Rückschwung vom Wasser und legt sie beim Vorschwung wieder schräg stromabwärts ab. Dies alles hat nicht gerade viel mit dem Streamerfischen zu tun. Und dennoch gibt es auch beim Fischen auf den Atlantiklachs spezielle Streamertechniken und -taktiken.

Der „Salmon"-Streamer

März 1991 am irischen River Drowes – bei Bundoran/Kinlough im County Leitrim. Im kleinen „Tackle Shop" des Lareen Park hängt eine schon völlig zerschlissene Styroportafel, vollgesteckt mit bunten Lachsfliegen. Darunter viele kleine Muster in verschiedensten Farben, aber auch eine einzelne große schwarze Fliege mit einer Schwinge aus langem, leicht gekräuseltem Haar. „Das ist der ‚Salmon'-Streamer", lacht der irische Ladenbesitzer verschmitzt, „von den rund 400 Lachsen und Grilsen, die wir im Mai 1990 im River Drowes landen konnten, gingen viele Fische auf das Konto dieser besonderen Lachsfliege". Keine Frage, daß ich den „Salmon"-Streamer damals erstanden habe. Doch erst fünf Jahre später, als ich im Juni 1996 wieder an den Drowes zurückgekehrt war, sollte sich die Fängigkeit streamerartiger Lachsmuster erweisen.

Lachsfischen im River Drowes

Der Drowes ist ein produktiver Lachsfluß im Nordwesten Irlands von etwa 8 km Länge, der einen See (Lough Melvin) entwässert (Foto 35, S. 88). Ähnlich wie die Flüsse in Schottland und andere irische Lachsflüsse, wo manchmal ebenfalls streamerähnliche Muster als Oberflächen-Reizfliege gefischt werden, sollte uns der River Drowes im Sommer einige neue Erkenntnisse bringen. Die Saison beginnt jedes Jahr bereits am 1. Januar und endet am 30. September. Die Fischerei ist im März und April, teilweise bis in den Mai hinein auf Frühjahrslachse und ab Anfang Juni auf Grilse sehr produktiv. Im Gegensatz zu den in Irland zahlreichen kleinen „spate rivers" (Wasserstand und Fischerei dort niederschlagsbedingt stark schwankend) ist der Drowes als Ausfluß eines Sees ein recht verläßlicher Fluß. Er steigt nach starken Niederschlägen langsamer und bleibt über einen längeren Zeitraum gut befischbar. Der See puffert das System ab. Bei „low water" (Niedrigwasser) dauert es natürlich länger, bis der See und damit auch der Fluß nach Regenfällen wieder ansteigen.

Als ich im Juni 1996 den Drowes besuchte, war der Aufstieg der Grilse (Ein-Seewinter-Sommerlachse) in vollem Gange. Etliche schöne Fische haben wir landen können (Foto 36, S. 88): silberblank, in allerbester Kondition und Qualität. Immer behaftet mit Seeläusen, die sogar noch ihre Eischnüre trugen – also perfekte Frischaufsteiger. Alle diese Fische nahmen den von Klaus Bauer empfohlenen „Eel Sprat" aus schwarzem Ziegenhaar, gebunden auf eine kurze „plastic tube". Diese Fliege war im Prinzip also nichts anderes als der „Salmon"-Streamer von Thomas Kelly.

Juni-Fischerei auf irische Grilse und Lachse

Wunderschöne Fliegenpools kennzeichnen den River Drowes z. B. unterhalb Four Masters Bridge. Während des Aufstiegs der Lachse sind aber auch andere, teilweise nur tischgroße Gumpen inmitten stark strömenden Wassers produktiv. Die Lachse und Grilse kommen mit der Flut und steigen teilweise innerhalb von zwei Stunden in den Lough Melvin auf. Die Wassertemperatur betrug im Juni rund 13 °C, also komfortable Verhältnisse für einen energiegeladenen Lachs. Morgens zwischen fünf und acht Uhr sowie abends während der Dämmerung ist die Fischerei oft am besten. Ideal, wenn die Flut und damit der Aufstieg frischer Grilse und Lachse in diese Stunden fallen.

Als geeignetes Gerät erweist sich z. B. eine 10 Fuß (3,05 m) lange Einhandrute. Im Frühjahr kommen Sinkschnur oder Sinktip zum Einsatz. Im Juni fischt man meist die Schwimmschnur. Mit Erfolg konnte ich ferner die durchsichtige Mastery-Stillwater-Schnur (Intermediate) einsetzen. Das Vorfach sollte etwa rutenlang sein, die Vorfachspitze besteht aus 0,30 mm starkem Nylon-Monofil. Die Ziegenhaarschwinge des „Eel Sprat" sollte 7–9 cm lang sein. Das Muster wird auf eine 1,5–1,8 cm lange „plastic tube" gebunden. Diese Fliege bietet im schnellen Wasser der meist kleinen Pools eine deutliche, lebendig pulsierende Silhouette, die den Lachs zum Anbiß reizt. Der Wurf wird zumeist schräg stromab ausgeführt. Mit aufrecht gehaltener Rute, teils langsam Schnur einziehend oder durch langsames Zur-Seite-Nehmen der Rute, wird der kleine „Eel Sprat" über die Pools geführt. Dabei kann in jedem Moment ein Lachs oder Grilse aufsteigen und das Ziegenhaarmuster kurz unter der Oberfläche nehmen. Wenn die Fliegenschnur ans Ufer pendelt, ziehen wir die Fliege langsam mit ein. Auch jetzt muß man noch auf einen vehementen Lachsbiß vorbereitet sein. Der Drowes bietet in dieser Hinsicht im Frühsommer eine Spitzenfischerei und gehört daher zweifellos zu den besten irischen Lachsgewässern.

Streamerfischen auf Årgard-Grilse

Der norwegische Årgard-Fluß zählt zu den besten Grilse-Gewässern Skandinaviens. Grund genug, sich diesen Fluß etwas genauer anzuschauen. Der Årgard ist z. B. in dem zum Hotel Sjöasen gehörenden Flußabschnitt (unterteilt durch zwölf Pools) etwa 30–40 m breit und durchfließt ein waldreiches Tal. Zwischen Juni und August kann man hier einen starken Aufstieg von Sommerlachsen (Grilsen) von 1,5 bis ca. 3 kg Gewicht erleben. Ferner werden vereinzelte (Zwei-Seewinter-) Lachse gelandet, die etwa 5–6 kg auf die Waage bringen können, sowie einzelne Meerforellen. Zum Einsatz kommen hier z. B. Einhandruten der Klasse 8 und meist die Schwimmschnur. Als erfolgreiche Fliegen erwiesen sich am Årgard – ähnlich wie am Drowes – kleine „Tubes" mit einer Schwinge aus schwarzem Ziegenhaar (gebunden auf eine 2–3 cm lange „plastic tube"). Die Taktik/ Anbietetechnik ist vom Prinzip her nichts anderes als Streamerfischen. Man wirft schräg stromab und holt die Leine variierend vom langsamen Zug bis zum zügigen Einstrippen wieder ein. Zwischendurch wird in der Strömung driftend gefischt. Die Mittsommernächte bieten die besten Fangchancen. Nimmt ein Fisch die über den Pool geführte Fliege, so kommt es nicht selten zu einem „crash take", da streamerartige Muster häufig sehr

vehement attackiert werden. Wenn dann morgens die Sonne auf silber-
glänzende Grilse scheint, wird man den Årgard nicht mehr vergessen.

An einem großen Fluß

An großen Lachsflüssen kommen zeitweise ebenfalls Angeltechniken zum
Zuge, die mit dem Streamerfischen in Beziehung stehen. Als Standard-
situation nennt der erfahrene Lachsfischer Manfred Raguse (Norwegian
Flyfishers Club) z. B. das tiefe Fischen auf Gaula-Großlachse bei niedrigen
Wassertemperaturen um bzw. unter 8 °C mit der schnellsinkenden Schnur
oder schnellsinkendem Schußkopf an einer speziellen Schußleine. Gut
geeignet für diese Art der Fischerei sind Zweihandruten von 15 Fuß
(4,57 m) Länge in Kombination mit einer großen Lachsrolle mit einem Fassungsvermögen von rund 200 m Backing plus Fliegenschnur. Als Vorfach
kommt 0,45–0,50 mm messendes Nylon-Monofil von maximal 150 cm
Länge zum Einsatz. Die potentielle Größe und Kraft der Lachse beim Sai-
sonstart und die Tatsache, daß die Fische nicht vorfachscheu sind, erfordert starkes Gerät und sorgsam geknüpfte Knoten.

Vor allem im Juni, zu Beginn der Lachssaison in Norwegen, wenn die
ganz großen Fische aufsteigen und in tiefen Flußabschnitten am Rand der
Hauptströmung z. B. vor oder hinter dicken Steinen tiefe Standplätze einnehmen, wendet M. Raguse (Foto 38, S. 88) seine spezielle „Nachschlagetechnik" an. Zum Einsatz kommen z. B. die „Silver Tube" oder seine „Flash
Eels". Um die Fliegenmuster mit dieser Technik nahe den Standpätzen der
Lachse in Grundnähe besonders effektiv fischen zu können, wird die Schnur
zuerst querüber oder im 45-Grad-Winkel schräg stromab ausgebracht. Dann
wird die Sinkschnur oder Schußleine mehrfach gemendet (Korrektur des
Schnurbogens durch leichtes Stromaufwärtsschlagen der Rutenspitze) und
dabei bereitgehaltene Leine „nachgefüttert". Die Fliege ist in dieser Phase
nicht unter Zug und kann daher in der Hauptströmung tief absinken. Jetzt
wird die 15-Fuß-Zweihandrute, die nun wie ein langer Hebel wirkt, zum
Ufer umgelegt. Als Folge zieht die Fliege grundnah aus der Hauptströmung
heraus schräg herüber, z. B. zu ufernah liegenden Steinblöcken, und fischt
dabei einige dieser „lies" (Lachs-Standplätze) ab. Danach kann die Schnur
mit der Rute bei gleichzeitigem Nachfüttern von Leine wieder Richtung
Flußmitte umgelegt werden. Die Fliege folgt dem Schnurzug, pendelt wieder
herüber und fischt weitere „lies" ab. Der Vorgang des Umlegens der Schnur
und des „Nachschlagens" neuer Leine kann mehrfach wiederholt werden, so
daß am Ende viele Meter ausgebracht sind. In der letzten Phase wird die
Schnur mit leicht wippender Rutenspitze langsam eingezogen. Auch dabei
kann ein Lachs die verführerisch pulsierend geführte Fliege immer noch
nehmen. In der Strömung oder unter Zug wird der „Flash Eel" schmal, doch
wenn der Zug aufhört oder die Fliege ins langsame „slack water" driftet,

geht sie etwas auf und schimmert silbrig. Etliche kapitale Lachse werden jedes Jahr z. B. in Norwegen und Ostkanada (u. a. im Margaree-River, Nova Scotia) mittels der Technik des langsamen Führens tief gefischter, streamerartiger Muster überlistet.

Passendes Gerät

Fischen auf Grilse/Sommerlachse:
- Einhandrute von 3,05 m (10 Fuß) Länge der Klasse 8 (z. B. Sage 8100-3 RPL+) mit passender, mittelgroßer Rolle für ca. 150 m Backing plus Fliegenschnur
- Schwimmschnur oder Mastery-Stillwater-Schnur der Klasse 8
- Nylon-Monofil-Vorfach, etwa rutenlang mit ca. 0,30 mm starker Spitze

Fischen auf Großlachse:
- Wurfkräftige Zweihandrute von 4,57 m (15 Fuß) Länge der Klasse 10/11 (z. B. Ovis-Trident-Tip-Flex 11,5 oder eine 15-Fuß-Sage-Zweihandrute) mit einer großen, etwa 200 m Backing plus Fliegenschnur fassenden Lachsrolle; ggf. Einhandrute (z. B. Hardy Elite)
- Passende Sinkschnur oder schnellsinkender Schußkopf in Kombination mit einer Schußleine (z. B. der Flat Beam von Ken Savada, die über M. Raguse bezogen werden kann, s. Anhang) oder Deep & Down 300
- Als Vorfach ein maximal 80–150 cm langes Stück Nylon-Monofil der Stärke 0,40–0,50 mm erforderlich.

Lachsmuster
(Foto 37, S. 88)

Salmon-Streamer
(Irland)
Haken: Lachsdrilling, Größe 6
Faden: Schwarz
Rippung: Flaches Silbertinsel
Körper: Schwarzes Floss
Flügel: Gewelltes schwarzes Haarmaterial (ca. 10 cm lang)
Kopf: Schwarz

Black & Silver Tube
(Bindeweise: H. Fischer)
Tube: Aluminium-Tube, 6,5 cm lang
Faden: Schwarz
Rippung: Ovales Silbertinsel

Körper: Neon-oranges Floss als „Butt", silberner Mylar-Schlauch
Flügel: Schwarzes Ziegenhaar (ca. 8 cm lang), darüber perlmutt Flashabou, seitlich je eine Jungle-Cock-Feder
Kopf: Schwarz

Black & Silver Tube – Variante
(Bindeweise: H. Fischer)
Tube: Plastik-Tube, ca. 4 cm lang
Faden: Schwarz
Rippung: Ovales Silbertinsel
Körper: Neon-oranges Floss als „Butt", flaches Silbertinsel
Flügel: Schwarzes Ziegenhaar, darüber perlmutt Krystal Flash (oder silbernes Flashabou), seitlich je eine Jungle-Cock-Feder

Kleiner Eel Sprat
(Bo Mohlin; Bindeweise: K. Bauer)
Tube: Plastik-Tube, 1,8 cm lang
Faden: Schwarz
Flügel: Braunes Eichhörnchen, darüber multicolor Lurex, darüber schwarzes Ziegenhaar (7–9 cm lang)
Kopf: Schwarz

Raguse's Natural Flash Eel
(M. Raguse)
Tube: Plastik-Tube, 4,5 cm lang
Faden: Schwarz
Flügel: Silbernes Holographic Flash, darüber einige Pfauen-Fibern, darüber schwarzes Ziegenhaar (ca. 10 cm lang)
Kopf: Schwarz

Raguse's Thunder & Lightning Flash Eel
(M. Raguse)
Tube: Plastik-Tube, 4,5 cm lang
Faden: Schwarz
Körperende: Orvis Schimmer Skin
Rippung und Körperhechel: Ovales Goldtinsel, orange Hahnenfeder
Körper: Schwarze dünne Wolle
Barthechel: Orange Hahnenfeder
Flügel: Silbernes Holographic Flash, darüber schwarzes Ziegenhaar (ca. 10 cm lang)
Kopf: Schwarz

Raguse's Clearwater Flash Eel
(M. Raguse)
Tube: Plastik-Tube, 4,5 cm lang
Faden: Schwarz
Flügel: Gelbes Ziegenhaar, darüber silbernes Holographic Flash und einige
Pfauen-Fibern, darüber schwarzes Ziegenhaar (ca. 10 cm lang)
Barthechel: Blaue Reiher-Feder
Kopf: Schwarz

▧ Pazifiklachse

Man unterscheidet sechs pazifische Lachsarten, die alle – wie auch Regenbogenforelle bzw. Steelhead – den Gattungsnamen *Oncorhynchus* tragen,
was soviel wie „Hakenmäuler" bedeutet. Sie bewohnen im wesentlichen
Flußsysteme und Ozeane der nördlichen Hemisphäre. Auf der Südhalbku-
gel, in Nordeuropa und im Gebiet der Großen Seen (USA, Kanada) wurden
stellenweise Pazifiklachse ausgesetzt. Mit Ausnahme von Binnenlachs-
formen sind die Pazifiklachse anadrome Wanderfische. Sie schlüpfen im
Süßwasser und wandern bald danach ins Meer ab, um dort erwachsen zu
werden. Der „Pink Salmon" kehrt schon im zweiten Sommer zurück; die
anderen Arten bleiben 3–4 Jahre im Salzwasser.

Nach dem Aufstieg in ihren Heimatfluß und dem Ablaichen gehen alle
Pazifiklachse zugrunde. Durch das Massensterben und die Zersetzung der
Fische wird in den nährstoffarmen Laichgewässern das Kleintierleben kurz-
zeitig enorm angeregt. Und genau hiervon profitiert die bald schlüpfende
Lachsbrut. Daneben sind Adler, Bären und viele andere Tiere seit Urzeiten
auf den Zug der Lachse existentiell angewiesen, um sich die notwendigen
Fettreserven für die Winterzeit anzulegen. Der Japanische Lachs, auch Kirschen-Lachs oder Masu genannt (*Oncorhynchus masou*), ist bei uns kaum
bekannt. Anders verhält es sich mit den übrigen fünf Arten, von denen im
folgenden die Rede sein wird.

Buckellachs

Der Buckellachs, engl. „Humpback" oder „Pink Salmon" genannt (*Oncorhynchus gorbuscha*), ist der kleinste der pazifischen Lachse. Er erreicht meist
50 cm Länge und 2–3 kg. Die Männchen „ziert" im Laichgebiet ein großer
Buckel. Wo der „Pink" in Massen aufsteigt, wie z. B. in einigen Flüssen Alaskas und im Fernen Osten Rußlands, bekommen wir eine Vorstellung von der
gewaltigen Produktionskraft der Natur. Ich war z. B. an der Ola, einem

Foto 31 Kapitale „Rainbow" (93 cm, 24 Pfund) aus British Columbia/Kanada

Foto 32 Thomas Dürkop mit einer Meerforelle von 91 cm (22 Pfund) aus dem Rio Gallegos (Patagonien)

Foto 34 „Gestreamerte" Seeforelle aus dem Walchensee

Foto 33 Von links nach rechts: Feuerland-Black Woolly Bugger; Chimehuin negra; Meerforellen-Waddington; Bunny Leech; Saiblings-Streamer; Renken-Streamer

Foto 35 Am irischen River Drowes bei Bundoran

Foto 36 Grilse (Sommerlachs) aus dem Drowes, gelandet auf einen „Eel Sprat"

Foto 37 Von links nach rechts: Salmon-Streamer; Silver Tube (2 x); Kleiner Eel Sprat; Raguse's Natural Flash Eel; Raguse's Thunder & Lightning Flash Eel; Raguse's Clearwater Flash Eel

Foto 38 Manfred Raguse mit einem Gaula-Lachs

Foto 40   Hardy Ruf mit einem Rotlachs-Frisch-aufsteiger

Foto 39   Landung eines Buckellachs-Frischauf-steigers

Foto 41   Von links nach rechts: Polar Shrimp; Pink Fly; Sitak-Streamer; Hardy Special; Alaskabou; Egg Sucking Leech; Pink Pollywog; Baker Buster

Foto 42   Coho-Lachse attackieren die Fliege häu-fig sehr aggressiv.

Foto 43   Königslachs aus dem Takhanne-River (Yukon/Kanada)

Foto 44   Königslachs-Frischaufsteiger von rund 45 Pfund

Lachsfluß, der in Ost-Sibirien ins Ochotskische Meer mündet, im Juli Zeuge von gewaltigen Aufstiegen silberheller Buckellachse (Foto 39, S. 89). Wie bei allen Pazifiklachsen wird mit einer Sink- bzw. Schußkopf-Schnur tief gefischt. Man wirft querüber oder stromauf. Die Fliege muß zu den meist in Grundnähe in einer Bucht oder seitlich der Hauptströmung im ruhigen Wasser rastenden Lachsen absinken. Wenn sich Schnur und Vorfach strecken, wird langsam eingestrippt. Die silberhell bzw. rosa-grünlich gefärbten „Pinks" nehmen dabei oft vehement die Fliege – z. B. eine beschwerte „Pink Fly". Bleibeschwerte schwarze „Marabou"-Streamer erwiesen sich ebenfalls als fängig.

Rotlachs

Der Rotlachs oder „Sockeye Salmon" (*Oncorhynchus nerka*) ist aus kulinarischer Sicht unter den Pazifiklachsen der Spitzenfisch! Geräucherter Rotlachs braucht einen Vergleich mit geräuchertem Atlantischen Lachs nicht zu scheuen. Das Überfischen der Rotlachsbestände im Meer ist daher ein stetig wachsendes, großes Problem. Rotlachse gelten als schwer fangbar. In Yukon und Alaska bestehen dennoch fantastische Möglichkeiten, auf „Sockeye" zu fischen (Foto 40, S. 89). Im kanadischen Yukon-Territory habe ich zusammen mit dem Schweiz-Kanadier Hardy Ruf den Tatshenshini River im September befischt. Der „Indian Summer" mit seinem goldgelben Herbstlaub ist die Zeit des Rotlachses. Im trüben Tatshenshini wird mit extrem schnell sinkenden Schußkopf-Schnüren zumeist im relativ ruhigen Wasser von Pools am Rand der Strömung gefischt. Die „Hardy Special" oder eine beschwerte „Polar Shrimp" werden dem Rotlachs langsam und tief angeboten. Frische Fische nahmen eine direkt am Strömungsrand im flachen Poolauslauf stromab gefischte „Alaskabou". In Alaska können z. B. im klaren Sitak River zeitweise silberhelle, ganz frisch aufsteigende Rotlachse auf glitzernde Streamer gelandet werden. Der „Sockeye" wiegt meist um 4 kg und mißt dann etwa 60 cm. Der „Kokanee" – seine äußerst delikate Binnenlachsform kanadischer Seen – bleibt wesentlich kleiner.

Ketalachs

Der Hunds- oder Ketalachs (*Oncorhynchus keta*) ist manchmal nicht einfach mit der Fliege zu erreichen. Er wird meist 5 kg schwer und 70 cm lang, kann aber bis zu 1 m groß werden (ca. 6 kg). Wo der Keta z. B. in Fernost-Rußland oder in manchen Flüssen Alaskas im Juli zusammen mit dem Buckellachs aufsteigt, kann beim Fischen in Pools oder Mündungsbereichen von Bächen und Nebenflüssen z. B. ein „Alaskabou"-Lachsstreamer das Erfolgsmuster sein. Ketalachse liefern oft einen vehementen Drill mit rasanten Fluchten, doch ihr Fleisch ist im Vergleich mit dem anderer pazifischer Lachse von geringerer Qualität.

Coho

Der Silberlachs oder Coho (*Oncorhynchus kisutch*) ist wohl der am besten mit der Fliege bzw. mit Streamertechniken ansprechbare Pazifiklachs. Er gilt als aggressiv und beißfreudig. An seinem schwarzen „Zahnfleisch" ist er leicht von den anderen Arten zu unterscheiden. Häufig wird der Silberlachs 5–6 kg schwer. Er kann maximal 15 kg erreichen (Foto 42, S. 89). Der Wurf mit der Schußkopf-Schnur erfolgt meist querüber oder schräg stromauf. Dann läßt man die Fliege einen Moment absinken und beginnt mit dem Einstrippen. Nicht selten steht der Coho auch in der Strömung. Beim Fischen auf Silberlachs haben sich z. B. die „Alaskabou", die „Hardy Special" oder der „Egg Sucking Leech" bewährt. Meist wird die schnellsinkende Schnur eingesetzt. Stellenweise können z. B. in Alaska ganz frisch aufsteigende Fische in Flußmündungen und im untersten Abschnitt von Laichflüssen aber auch mit der Schwimmschnur, 2,50 m langem Vorfach von 0,35 mm Stärke und einem Oberflächenmuster befischt werden. Der Name dieser Fliege ist „Pink Pollywog". Sie wird querüber geworfen und mit kurzen, scharfen Strips wie ein Popper blasenwerfend über das Wasser bewegt. Die Cohos attackieren diesen Oberflächenstreamer teilweise überaus vehement: großer Schwall, Kopf erscheint – Fliege verschwindet – Anhieb, der Coho katapultiert sich aus dem Wasser und jagt los. Es kommt zu packenden Drills, die unvergeßlich bleiben. Klaus Stühler berichtete als erster Deutscher von dieser spektakulären Fischerei mit Schwimmschnur und dem pinkfarbenen großen Muddler-Streamer auf Silberlachse. Sein in Alaska beim kurzen Lunch am Lagerfeuer zubereitetes Lieblingsgetränk „Mokka", ein Kaffee-Kakao-Gemisch, ist genau das Richtige, um Energie für neue Fischzüge zu tanken!

King

Als der hell gefärbte, relativ frische Yukon-Königslachs im Mündungspool eines klaren kanadischen Flusses die tief gefischte „Baker Buster" nahm, da bekam ich einen ersten Eindruck seiner ungeheuren Kraft. Statt wild zu flüchten, stellte der King sich unwillig-kraftvoll schüttelnd wieder in die Gruppe der anderen Lachse. Als ich den Druck forcierte, stieg er hoch und das Wasser explodierte förmlich. Dann schoß er aus dem Pool hinaus in den Hauptfluß. Hätte kein Jetboot zur Verfügung gestanden, mit dem wir dem Fisch stromab folgen konnten, wäre der Drill nach kürzester Zeit zu Ende gewesen. So aber ließ sich dieser King nach einem hartem Drill Hunderte Meter flußabwärts landen (Foto 43, S. 90).

Wer den Aufstieg des größten pazifischen Lachses der Erde Mitte Juli in Yukon einmal miterlebt hat, der ist begeistert! Der Königslachs, King, Chinook oder Tyee (*Oncorhynchus tschawytscha*) wiegt oft rund 14 kg und kann Rekordgewichte von knapp über 55 kg erreichen (Foto 44, S. 90). Es

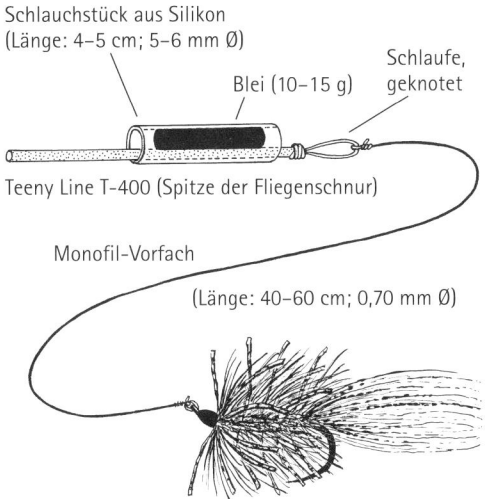

Schlauchstück aus Silikon
(Länge: 4–5 cm; 5–6 mm Ø)

Schlaufe,
geknotet

Blei (10–15 g)

Teeny Line T-400 (Spitze der Fliegenschnur)

Monofil-Vorfach

(Länge: 40–60 cm; 0,70 mm Ø)

Abb. 20: Vorfachmontage für Königslachs

leuchtet ein, daß für die Fischerei auf Königslachs nur stabilstes und 100%ig verläßliches Gerät in Frage kommt. Ich verwende z. B. eine Einhandrute der „Tarpon-Klasse" in Kombination mit einer Anti-Reverse-Rolle. Um die Fliege tief genug – also maulgerecht knapp über Grund – anbieten zu können, sollte an stärker strömenden Flußabschnitten am Ende der Fliegenschnur mittels eines aufgeschobenen Silikonschlauches oberhalb des kurzen Vorfachs ein Blei montiert werden (Abb. 20). Ein kleiner Pool voll mit ca. 100 Königslachsen in glasklarem Wasser – das alleine macht Yukon für mich zu einem unvergleichlichen Ziel.

Passendes Gerät

Klasse 8 (für Pink und Masu) sowie Klasse 8/9 (für Rotlachs, Ketalachs und Coho)

- Einhandrute von 2,75–3,05 m Länge (9–10 Fuß) mit passender (Direct-Drive-, Anti-Reverse- oder Dual-Mode-) Rolle, die rund 150 m 20- bis 30-lb-Backing fassen sollte
- Teeny Line T-300/Deep & Down oder Quick Descent 325 bzw. entsprechend schnellsinkende Schußköpfe. Für Rotlachs kann ggf. eine schwere T-400 bzw. Descent 425 sinnvoll sein. Um Muddler-Streamer wie die „Pollywog" anzubieten, ist eine Schwimmschnur (WF-8 oder WF-9) erforderlich.
- Als Vorfach an der schnell sinkenden Schnur ein etwa 60–70 cm messendes Nylon-Monofil von 0,30 mm (Pink) sowie 0,40 mm–0,45 mm für Rotlachs, Ketalachs und Coho

An der Schwimmschnur wird auf Coho-Frischaufsteiger ein rund 2,50 m langes Vorfach aus 0,35 mm-Nylon-Monofil gefischt.

Klasse 10 bis 11 (für King/Königslachs)

Erforderlich ist stabiles Gerät, ansonsten gewinnt das „Kraftpaket Königslachs" die Materialschlacht schon in den ersten Minuten. Die Einhandrute sollte etwa 2,75–3,05 m lang sein. In Kanada gilt als Faustregel mindestens „ten by ten" (= zehn Fuß lang und Klasse zehn). Die Rolle sollte rund 200–250 m Backing fassen. Anti-Reverse- oder Dual-Mode-Typ sind zu empfehlen. Als Schnur ist die Teeny T-400 oder die Quick Descent 425 erforderlich. Das Vorfach sollte mindestens 15–20 kg Tragkraft haben und kann sehr kurz sein (40–60 cm), um tief genug zu fischen.

Pazifiklachsmuster

(Foto 41, S. 89)

Polar Shrimp
(Allround-Fliege)
Haken: Einzelhaken Größe 1/0
Schwanz: Rote Hahnen-Fibern
Körper: Bleidraht-Wicklung, darüber fluor-orange Chenille
Flügel: Weißer Kalbsschwanz
Barthechel: Rote Hahnen-Fibern
Kopf: Schwarz

Darüber hinaus sind folgende Muster empfehlenswert:

Pink Fly
(W. Schulte)
Haken: Lachshaken Größe 4–1/0
Faden: Schwarz
Schwanz: Rotes Marabou
Körper: Bleidraht-Wicklung, darüber pink Chenille
Flügel: Pink Marabou, pink Krystal Flash
Kopf: Schwarz

Sitak-Streamer
(I. Winter)
Haken: Lachshaken Größe 4, z. B. Kamasan B 180
Faden: Gelb
Rippung: Ovales feines Goldtinsel
Körper: Bleidraht-Wicklung, darüber gelb-grünes Floss
Flügel: Gelb-perlmutt Flashabou, oranges Krystal Flash
Bart: Oranges Krystal Flash
Kopf: Gelb

Hardy Special
(H. Ruf)
Haken: Lachshaken Größe 1/0–2/0
Faden: Schwarz
Körper: Rotes flaches Tinsel (hintere Hälfte), rote Tinsel Glimmer Chenille (vordere Hälfte)
Hechel: Pink-rote Hahnenfeder
Flügel: Perlmutt Krystal Flash
Kopf: Schwarz
Dieses Muster ist auf Königslachs, Rotlachs und Coho (Silberlachs) erfolgreich und kann bei Hardy Ruf in Yukon bezogen werden.

Alaskabou
(George Cook; Bindeweise: W. Schulte)
Haken: Lachshaken Größe 1/0, z. B. Kamasan B 190
Faden: Rot
Flügel: Pink und perlmutt Krystal Flash, darüber lila/purple Marabou, darüber als Topping perlmutt Krystal Flash
Hechel: Pink-rosa Marabou
Kopf: Rot

Egg Sucking Leech
(Will Bauer; Bindeweise: K. Stühler)
Haken: Streamerhaken, z. B. Größe 4–6
Faden: Rot
Schwanz: Schwarzer Kaninchenfellstreifen (ca. 5–6 cm)
Körper: Schwarzen Kaninchenfellstreifen um den Körper winden, darüber auf jeder Seite ca. 12 Streifen perlmutt Krystal Flash
Kopf: Fluorrote Chenille, Knoten farblos lackieren
In der Bindeweise von Klaus Stühler wird dieser aus Alaska stammende Streamer mit Kaninchen-"zonker-strips" gebunden. Wegen des Hakens fischt die Fliege „upside down". In der Original-Bindeweise wird als Schwanz schwarzes oder violettes Marabou verwendet. Eine Variante wird mit Bleiaugen gebunden und kann z. B. über Erich Brinkhoff bezogen werden. Alle pazifischen Lachse, aber auch Steelheads, Forellen, Barsche etc. lassen sich mit diesem Muster ansprechen.

Pink Pollywog
(Nordamerika/Alaska)
Haken: Mustad Bass Bug/Stinger etc. Größe 4
Faden: Rot, reißfest
Schwanz: Pink Marabou (ca. 3,5 cm), darüber pink Krystal Flash
Schwimmkörper: Pink Bucktail – zurechtgestutzt (unterseits flach)
Kopfknoten: Farblos lackieren

Baker Buster
(Bill Baker)
Haken: Partridge-Waller-Greifer Größe 2/0, Lachshaken Größe 1/0
Faden: Rot
Schwanz: Weißes Marabou
Körper: Bleidrahtwicklung, darüber rote Hahnenfedern und entflochtener silberner Mylar-Schlauch im Wechsel, rote Hahnenfeder als Abschluß
Kopf: Rot
Dieses Muster geht auf den Amerikaner Bill Baker zurück, der damit in vielen Teilen Alaskas auf Königslachs, Silberlachs, Rotlachs, Steelhead, Rainbow Trout, Arctic Char und Dolly Varden Erfolge verbuchen konnte. In Yukon haben wir Königslachse bis 40 Pfund auf diese Fliege gelandet.

▨ Yukons prächtige Saiblinge

Vorsichtig wate ich in den Kluini River ein. Vor mir die blaugrüne Tiefe eines Pools. Am Rand der Strömung stehen im glasklaren Wasser große Mengen von arktischen Renken, die jetzt im September zum Laichen aus einem nahen See hierher aufgestiegen sind. Mit ihnen kommen die wunderschönen Namaycush-Saiblinge in den Fluß. Ich entfalte meine Schußkopf-Leine. Rückschwung – Vorschwung und schießen lassen. Der „Olive Woolly Bugger" wird querüber nahe an das Gegenufer des Pooleinlaufs transportiert. Nun müssen Schnur und Streamer tief absinken. Also mehrfach die Schnur menden. Dann beginne ich mit dem Einstrippen der Fliegenschnur. Der Biß kommt unvermittelt und plötzlich. Starke Gegenwehr, kräftige Fluchten – noch ist nicht zu sehen, wer sich am Ende des 0,30 mm-Monofil-Vorfachs befindet. Nun kommt der Fisch heran, ein kampfstarker, junger Namaycush-Saibling. Er ist oberseits dunkeloliv gefärbt, die Flanken sind übersät mit kleinen, hellen Sternchen. Dieser Namaycush hat zudem orangefarbene Bauchflossen und eine gelb-orange leuchtende Unterseite. Eine Schönheit des hohen Nordens, die ich wieder ins nasse Element entlasse.

Jetzt machen die Arktischen Äschen auf sich aufmerksam. Sie steigen im Auslauf des Pools. Die Schußkopf-Schnur transportiert meinen weißen „Marabou"-Streamer schräg stromauf, denn hier ist etwas mehr „Druck" in der Strömung. Ich mende mehrfach die Schnur und füttere Leine nach, um das Muster tief absinken zu lassen. Dann beginne ich langsam mit dem Einziehen. Biß – aber wohl keine Äsche! Hart hält der Fisch dagegen. Wieder hat ein Namaycush-Saibling zugefaßt. Doch auch einige der wunderschönen, starken Äschen sind mit dem weißen Marabou-Muster sowie mit dem hell glitzernden „Luzi"-Streamer zu landen. Auch in Europa fängt man z. B. im zeitigen Frühjahr immer wieder einzelne Äschen mit dem Streamer. Von den großen Arktischen Äschen in Yukon wird ein Streamermuster gerade in der schnellen Strömung kleiner Flüsse noch weitaus besser angenommen. Die langen Rückenfahnen und Bauchflossen der Arktischen Äschen, insbesondere der Äschen-Milchner, schimmern wunderbar blaugrau mit rosa Abzeichen.

Die dritte Fischart im Bunde setzt ein besonderes Highlight: silberhelle, feengleiche wilde Regenbogenforellen. Drei wunderschöne Yukon-Fische, die alle am gleichen Ort mit ein und demselben Streamer – einem weißen oder oliv-farbenen Marabou-Muster – zu landen sind. Der Schwerpunkt dieser Pirsch liegt jedoch beim Namaycush. Kein Fisch verfügt im Verhältnis zu seiner Größe über soviel „Power". Mit relativ leichtem Gerät bietet sich deshalb in Yukon auch an manchen kleinen Flüssen, die mit einem See in Verbindung stehen, eine überaus produktive Fischerei.

Schleppfischen mit dem Streamer

Für den Schweiz-Kanadier Hardy Ruf ist der Namaycush-Saibling (*Salvelinus namaycush*), auch Amerikanischer Saibling, „Lake Trout" oder „Mountain Trout" genannt, der wahre Königsfisch Nordamerikas. Dieser Fisch ist der größte Saibling der Erde und kann Rekordlängen von über 1,30 m und ein Gewicht um 40 kg erreichen (Foto 49, S. 107). Wegen des langen nordamerikanischen Winters, der die Eisdecke der Seen Yukons meist bis in den Mai geschlossen hält, wachsen die Riesen-Saiblinge nur sehr langsam. Es ist durch Untersuchungen bestätigt, daß meterlange Namaycush-Saiblinge von 35–40 Pfund ein Alter von 80 bis 90 Jahren erreicht haben. Sie übertreffen damit das Alter ihres Fängers oft um ein Mehrfaches. Bis auf wenige Ausnahmen werden solche Fische auch wieder zurückgesetzt. Gegen die Entnahme kleiner Saiblinge (unterhalb 60 cm) ist nichts einzuwenden, denn ihr tief orangerotes Fleisch ist vorzüglich.

Zahlreiche Seen mit teilweise enormen Ausmaßen, wie z. B. der 80 Kilometer lange Aishihik Lake, bieten in Yukon fantastische Möglichkeiten, vom Boot aus mit dem Streamer auf kapitale Namaycush-Saiblinge zu fischen. Dabei wird der Streamer an einer Schußkopf-Schnur bei langsamer Fahrt geschleppt. Zum Einsatz kommen bei dieser Fischerei auf die ganz großen Exemplare ab Juni naturgrau-grizzly gefärbte „Bunny Bugs" mit viel Flash, die über einen zweiten Einzelhaken in einer starken Kevlar-Schlinge unter dem Schwanz verfügen sollten. Geschleppt wird bei relativ langsamer Fahrt etwa 30 m hinter dem Boot. Der Streamer läuft dabei etwa 15–20 cm unter der Oberfläche. „Hot spots" sind z. B. tiefe Stellen an steilen Felswänden bzw. an Inseln, Einmündungen von Bächen und Abschnitte der Scharkante, wo nahe am Ufer der Seegrund abrupt in die Tiefe abfällt. An diesen Stellen lauern die Riesen auf Arktische Äschen, die sich zu weit über tiefes Wasser vorwagen, oder sie jagen auf die dichten Schwärme junger Renken. Wenn sie auf den geschleppten Streamer steigen, dann bricht ein Kampf los, der vieles in den Schatten stellt, was Sie bis dahin mit der Fliegenrute erlebt haben (Foto 46, S. 107).

Bacheinmündungen

Wo Bäche oder kleine „creeks" einmünden, kommt im Sommer oft eiskaltes Gletscherwasser (4–5 °C) in das im Juli teils 12 °C messende Oberflächenwasser der Seen. Genau in diesen Einmündungen stehen im Sommer oft große Mengen von Äschen (Foto 47, S. 107). Unter den Äschen, wo der steinige Schwemmkegel in die blaugrüne Tiefe des Sees abfällt, lauern die Namaycush-Saiblinge. Auch vom Ufer aus können deshalb an Yukons Seen, z. B. auf einen tief geführten „Olive Woolly Bugger", fantastisch gezeichnete „Laker" (von engl.: „Lake Trout" = Namaycush) gelandet werden.

Gebirgssee-Dolly Varden

Yukon bietet eine unglaubliche fischereiliche Vielfalt. Ein weiteres Highlight ist dabei das Streamerfischen auf den wohl kulinarisch besten Saibling, den Gebirgssee-Dolly-Varden. Der Stella Lake, nicht allzu weit entfernt von der Dalton Trail Lodge, offeriert diese weitere Möglichkeit, die man sich keinesfalls entgehen lassen sollte! Hier liegt am Seeufer ein kleines Boot. Zu zweit ist es schnell bereit gemacht und zu Wasser gelassen. Geschleppt wird genau wie auf den großen Seen mit der Schußkopf-Schnur ca. 25–30 m hinter dem Boot. Als Streamer sind der „Olive Woolly Bugger", der „Olive Matuka" oder die am Stella Lake auch besonders erfolgreiche „Plushille-Koppe" zu empfehlen. Vor allem in Ufernähe und insbesondere an Stellen mit versunkenem Totholz schlagen die „Dollies" zu. Die bunt gefärbten Gebirgssee-Dolly Varden haben eine Durchschnittsgröße von etwa 40–45 cm, doch es kommen größere Fische vor (Foto 48, S. 107). Gebraten in Zitronenbutter und mit Mandelsplittern bestreut, zählen sie zum Besten, was Yukons Fischküche zu bieten hat.

Passendes Gerät

Obwohl man beim Schleppfischen mit dem Streamer auf die großen Exemplare sicherlich auch Gerät der Klasse 9 bis 10 einsetzen kann, habe ich sowohl auf dem Aishihik Lake als auch am Fluß oder beim Schleppen auf dem Stella Lake auf Dolly Varden Gerät der Klasse 8 verwendet:

- eine rückgratstarke Einhandrute von 2,75 m (9 Fuß) Länge der Klasse 8 mit passender Rolle;

- eine Tenny Line T-300/Deep & Down oder eine Cortland Quick Descent 325-Schußkopf-Schnur;
- als Vorfach Nylon-Monofil der Stärke 0,30 mm (für kleine bis mittelgroße Saiblinge bzw. die Flußfischerei) oder 0,45 mm für das Schleppfischen auf großen Seen; die Länge des Vorfaches sollte etwa zwei Meter betragen.

Streamer
(Foto 50, S. 107)

Weißer Marabou-Streamer
(W. Schulte)
Haken: Größe 6, z. B. Kamasan B 800
Faden: Weiß
Beschwerung: Kettchenaugen
Schwanz: Weißes Marabou, darüber silbernes Flashabou
Rippung: Ovales feines Silbertinsel
Körperhechel: Weiße oder dunkle Hahnenfeder
Körper: Weiße Chenille
Kopf: Rot lackieren
Erfolgreich auf Namaycush-Saiblinge im Fluß, Arktische Äschen, Forellen und Dolly Varden. In Europa ein probater Streamer auf Forellen, Barsch und in Größe 2–4 auch beim Fischen auf Zander sehr zu empfehlen.

Olive Woolly Bugger
(Jack Dennis)
Haken: Größe 4, z. B. Kamasan B 800
Faden: Schwarz
Schwanz: Olivgrünes Marabou, darüber goldenes Holographic Flash oder orange Krystal Flash
Körperhechel: Schwarze Hahnenfeder
Körper: Bleidraht-Wicklung, darüber olivgrüne Chenille
Kopf: Schwarz
Der olivgrüne „Woolly Bugger" ist in Yukon und Alaska eine Erfolgsfliege beim Streamerfischen z. B. auf „Lake Trout" (Namaycush-Saibling), Regenbogenforellen, Dolly Varden und große Arktische Äschen. Der Streamer wird sowohl vom Ufer aus gefischt als auch vom Boot z. B. mit einer Schußkopf-Schnur langsam geschleppt. Der Körper sollte deshalb im Wasser eine möglichst kompakte, länglich-tropfenförmige Silhouette bieten.

Olive Matuka
(Neuseeland, Nordamerika)
Haken: Streamerhaken Größe 8

Faden: Schwarz
Rippung: Ovales feines Silbertinsel
Körper: Olive Chenille (hintere 2/3), vorne rotes Floss
Körperschwinge: Zwei grizzly-olive Hennenfedern mit fünf festen Windungen des silbernen Rippungsfadens auf dem Körper festlegen
Hechel: Olive Hennenfeder
Kopf: Schwarz, Augen auftupfen mit gelbem und schwarzem Bindelack
„Olive Matuka" und „Olive Woolly Bugger" sind bei Hardy Ruf zu beziehen (Adresse im Anhang, s. Kanada/Yukon). Beide Streamer sind beim Schleppfischen auf bestimmten Flüssen und Seen in Yukon unverzichtbar.

Plushille-Koppe
(R. Moser; Bindeweise: W. Schulte)
Haken: Größe 4–6, z. B. Partridge-CS-29-Moser-Schonhaken, DAM-6003 004 Größe 4
Faden: Weiß
Schwanz.: Weiße Plushille oder weiße Ghost Fiber
Augen: Ketten- oder Glasaugen (3–4 mm), mit dem Bindefaden festlegen und mit Sekundenkleber sichern
Körper: Weißen Plushille-Strang festlegen und nach vorn winden (feste Wicklungen, Fasern nach jeder Windung mit den Fingern zurückstreichen), Plushille-Strang vorne am Öhr festlegen, mit scharfer Schere die gewünschte Körperform zurechtschneiden und Faserreste mit Klettband auskämmen, vorn einige Plushille-Fasern als Brustflossen stehen lassen (alternativ: unterseits Ghost Fiber mit Sekundenkleber festlegen und zurechtstutzen), mit wasserfestem Filzstift (z. B. Gelb, Braun, Schwarz) Schwanz und Körper des Streamers färben
Kopfknoten: Mit Sekundenkleber sichern
Ein probates Muster aus der Plushille-Streamerserie von Roman Moser. Kettchenaugen haben sich in der Praxis als dauerhafter erwiesen als die im Moser-Original verwendeten Glasaugen. Insgesamt ein genialer, insbesondere beim Salmonidenfischen weltweit erfolgreicher Streamer.

Grizzly Bunny Bug
(B. Reynolds, J. Berryman; Bindeweise: W. Schulte)
Haken: Größe 4/0–6/0, z. B. Hayabusa Mod. 351, Kamasan B 940. Für das Schleppfischen mit diesem Streamer sollte auf dem Hakenschenkel eine Schlinge aus 15–20 kg tragendem Kevlar festgelegt werden, um hier einen zweiten Einzelhaken, z. B. Größe 2/0, einschlaufen zu können.
Faden: Rot
Schwanz: Silbernes Flashabou, darüber grizzly (natur-grauer) Kaninchenfellstreifen (ca. 10 cm lang), seitlich je eine grizzly-naturfarbene Hahnensattelfeder

Körper: Grizzly Kaninchenfellstreifen (ca. 14 cm lang) nach vorne um den Hakenschenkel winden (feste Wicklungen, Haar nach jeder Windung zurückstreichen), vorne rundum 4–7 cm lange Streifen silbernes Flashabou einbinden

Wangen: Rotes Marabou oder roter Polarfuchs

Kopf: Farbloser Lack, Augen auftupfen mit gelbem und schwarzem Bindelack

Beim Schleppfischen mit dem Streamer konnte ich auf Yukons Seen auf den „Bunny Bug" in Grizzly und auf die Variante aus weißem Kaninchenfell starke Namaycush-Saiblinge bis 18 Pfund landen. Eine absolute Weltklasse-Fischerei! Im Aishihik Lake kommen kapitale Namaycush mit Rekordlängen bis ca. 1,30 m vor. Der Streamer imitiert kleine Äschen und Renken, eine Hauptnahrung der Saiblinge.

> **Entnahmebedingungen:** In Yukon dürfen Namaycush-Saiblinge („Lake Trouts") unterhalb von 65 cm Länge bei Bedarf entnommen werden. Größere Exemplare sind zurückzusetzen. Ab 100 cm Länge kann ein Trophäenfisch entnommen werden. Mit dieser sinnvollen Regelung werden die wertvollen Laich-Jahrgänge geschont. Widerhaken müssen angedrückt werden.
> Eine kanadische Faustregel lautet: „Limit your catch; don't catch your limit".

▦ Auf Steelhead und Sheefish

Steelhead

Die Steelhead-Forelle ist kein normaler Fisch, sondern eher ein Mythos! Sie ist die meerwandernde „Cousine" der Regenbogenforelle und vereinigt Kraft, Wildheit und Eleganz. Das Steelhead-Fischen mit der Fliege ist anspruchsvoll, oft äußerst schwierig und wird daher nicht selten als „Krönung der Sportfischerei" bezeichnet. Wer nicht genug Beharrlichkeit und Standvermögen mitbringt, der sollte besser nicht auf Steelhead fischen. Die Steelhead-Pirsch gleicht in diesem Punkt durchaus der Fischerei auf große Atlantiklachse, wie sie heute z. B. in Norwegen ausgeübt wird. Berühmte Fliegenfischer wie F. Haig-Brown, T. Combs, J. Teeny und viele andere haben dem Fliegenfischen auf die Steelhead reichhaltige Bücher und fesselnde Berichte gewidmet.

Aus biologischer Sicht sind Steelheads Regenbogenforellen mit anadromen Eigenschaften. Sie laichen im Süßwasser, bleiben je nach Gewässer ein bis vier Jahre im Fluß, um dann ins Meer abzuwandern. Nach weiteren rund ein bis vier Jahren im Salzwasser kehren sie als fortpflanzungsfähige Fische zum Laichen wieder in den Fluß ihrer Geburt zurück.

Der Hauptaufstieg findet in vielen Gewässern zwischen September und Mai statt. Der Laichprozeß liegt meist im Zeitraum April bis Juni. Offenbar stirbt ein Großteil der Steelheads nach dem Laichen. Überlebende Fische wiederholen den Laichaufstieg, doch steigt wohl nur ca. 1 % mehrmals auf. Das natürliche Verbreitungsgebiet erstreckt sich heute auf Ost-Sibirien bzw. Kamtschatka (hier Vorkommen sehr großer Steelheads) und reicht von Alaska über British Columbia (Kanada) bis nach Kalifornien.

Bekannte Flüsse mit kapitalen Steelhead-Forellen sind in Kanada z. B. der Babine River (Foto 54, S. 108) und der Kispiox River. Das weitaus wichtigere Kriterium für uns Mitteleuropäer, denen oft nur knapp bemessene Zeiträume zur Verfügung stehen, ist jedoch die Befischbarkeit des Flusses. Der beste Fluß gibt absolut nichts her, solange braune Hochwasser-Fluten zu Tal stürzen. Man kümmere sich also rechtzeitig durch gezielte Anfragen beim Veranstalter und bei zuständigen Behörden in Kanada oder Alaska um Informationen über die jeweils potentiell besten Zeiten.

Steelhead-Forellen wandern zum Teil in der Nacht, und sie stehen tagsüber im Fluß häufig ähnlich wie Lachse in Grundnähe, z. B. in tiefen Gumpen, am Rande von Stromschnellen, an großen Steinen, an Strömungskanten sowie unter Büschen und versunkenen Baumstämmen. Aus der Bandbreite der beim „steelheading" heute angewendeten Techniken (wozu auch tief geführte Ei-Fliegen und das Fischen von Trockenfliegen gehören) soll hier auf die wesentlichen Aspekte des Anbietens von streamerähnlichen Fliegen eingegangen werden.

Beim Fischen mit der Sinktip-Schnur oder der schnellsinkenden Schußkopf-Schnur wirft man z. B. im Winkel von etwa 45 Grad stromauf. Um jeglichen Strömungsdruck von der Fliege zu nehmen, muß die Schnur ggf. mehrfach gemendet werden. Dabei korrigiert man den Schnurbogen durch leichtes Stromaufwärtsschlagen der Rutenspitze (s. auch Kapitel „Streamerfischen auf Forellen"). Bei der Abdrift muß die Eintauchstelle der Schnur genau beobachtet werden. Bleibt diese kurz stehen, schlagen wir an. Bisse sind in dieser ersten Phase nicht leicht zu erkennen. Passiert nichts, so beginnt man langsam mit dem Aufnehmen der Schnur und folgt mit der Rutenspitze der Schnurrichtung. Die Fliege schwenkt nun herum und kann langsam eingeholt werden. Wenn in diesen Momenten eine Steelhead den Streamer nimmt, so hakt sie sich dabei häufig selbst.

Mit der Sinktip oder der Schwimmschnur kann aber auch „step by step" (Wurf, zwei bis drei Schritte, nächster Wurf) ein kräftig strömender, von Steinen strukturierter Flußabschnitt systematisch mit einer oberflächennah angebotenen Fliege abgefischt werden. Je höher die Wassertemperatur ist, desto aktiver und steigfreudiger wird die Steelhead. Ideal sind z. B. Wassertemperaturen um 9 °C und eine Wassertiefe von 0,60 bis etwa 1,80 m. Man wirft z. B. querüber, mendet sofort nach dem Wurf und beobachtet genau die Fliege, sobald die Strömung Zug auf die Leine ausübt. Die Fliege schwingt herum, steigt auf und driftet mit pulsierender Schwinge nahe der Wasseroberfläche. Selbst kapitale Steelheads steigen auf derartig angebotene Streamer. Je nach Gewässer wird auch vom Boot gefischt. Zum Einsatz kommen neben der „Egg Sucking Leech" (vgl. Kapitel „Pazifiklachse") z. B. die „Samurai" oder andere „Marabou-Steelhead"-Muster. Das Verhalten der Steelheads nach dem Biß kann sehr verschieden sein. Selten verhält sich ein Fisch so passiv, daß man zunächst an einen Hänger glaubt. In der Regel schießt die Steelhead davon, sowie etwas Druck ausgeübt wird. Der ersten Flucht folgen meist mehrere explosive Sprünge. Erfahrene „Steelheader" behandeln ihren Fisch fast ehrfürchtig und setzen ihn nach einer schonenden Landung mit dem Schwanzwurzelgriff in sein Element zurück.

Sheefish

Die nordamerikanische Bezeichnung „Eskimo Tarpon" muß alle Fliegenfischer wachrütteln, die mit dem Formenkreis der Renken, Maränen oder Coregonen bislang nur relativ leichtgewichtige Schuppenträger verbunden haben. Denn der Sheefish (*Stenodus leucichthys*), auch „Inconnu" (franz., „Unbekannter"), „Tarpon des hohen Nordens" oder „Weißlachs" genannt, kann z. B. in Alaska offenbar Rekordgrößen von 1,30–1,50 m erreichen. Die spärlichen Angaben klaffen auch bei der Nennung des Maximalgewichtes des „Inconnu" etwas auseinander. Ein kapitaler Sheefish soll angeblich 25–35 kg wiegen. Obwohl durch ihre Fettflosse ganz eindeutig als Salmoniden ausgewiesen, werden Coregonen in Nordamerika meist etwas abschätzig mit dem Sammelnamen „Whitefish" („Weißfisch") belegt. Bei der weltgrößten Renke – dem Sheefish – ist das völlig anders, denn wenn dieser Name fällt, horchen viele Angler auf. Nicht viele Fliegen- und auch Spinnfischer sind bislang mit diesem Fisch in Berührung gekommen.

Der Sheefish kommt im äußersten Nordwesten Nordamerikas vor, darüber hinaus offenbar mit Unterarten im Einzugsgebiet des Kaspischen Meeres (z. B. in der Wolga) und in arktischen Gebieten Sibiriens (Eismeerzuflüsse). Die sibirische Unterart (*Stenodus leucichthys nelma*) ist offenbar die großwüchsigste. Von Fritz Gründl, der im deutschen Sprachraum den ersten Bericht über den Fang des „Eskimo-Tarpon" mit dem Streamer verfaßte, werden für Alaska drei Flußsysteme mit Sheefish-Populationen angegeben. Es handelt sich um das große Yukon-System sowie die Flußsysteme des Kuskokwim und des Kobuk River. Für den nördlich des Polarkreises fließenden Kobuk River sind Rekordfische bis 24 kg belegt.

Der Sheefish ist – ähnlich wie die meisten Lachse – ein Wanderer zwischen Süß- und Salzwasser. Wahrscheinlich verbringen aber einige Teilpopulationen ihre „salzigen Wanderperioden" nicht im offenen Meer, sondern in den brackigen Mündungsbereichen großer Flüsse. Wenn das Eis schmilzt, beginnen die „Weißlachse" ihren Aufstieg zurück in den Fluß zu ihren angestammten Laichgebieten in den Oberläufen. Wenn sie zwischen Ende September und Anfang Oktober ihr Laichgeschäft beendet haben, steigen sie – anders als die pazifischen Lachse – wieder ab, um nach einer offenbar mehrjährigen Laichpause wieder in die Flüsse zurückzukehren. Vieles deutet darauf hin, daß es – ähnlich wie bei einigen Lachsarten – lokal auch Sheefish-Populationen gibt, die in sehr großen Seen ohne Meeresverbindung leben (= „landlocked") und in den See-Zuflüssen laichen. Einige dieser Seen finden sich z. B. im kanadischen Yukon-Territorium.

Wo der Melozitna River in den Yukon einmündet, bietet sich eine potentielle Möglichkeit, mit dem Streamer auf die Riesen-Coregone zu fischen. Das Anbieten der Fliege kann auf ähnliche Weise erfolgen wie beim Fischen auf Coho und andere Pazifiklachse. Man fischt mit der Sinkleine oder mit einer schnellsinkenden Schußkopf-Schnur und bietet einen eigenschweren Streamer möglichst tief an. Dies bedeutet, stromauf oder querüber zu werfen und zunächst die Fliege am relativ kurzen Vorfach absinken zu lassen. Nach dem Strecken der Schnur läßt man den Streamer herumschwingen und holt ihn ruckweise ein. Fritz und Christine Gründl landeten ihre Sheefish auf einem Streamer, der zu den klassischen Coho-Fliegen gehört, nämlich auf den „El Don's Twisted Coho" (Abb. 45, S. 105). Dieses Muster imitiert ein silbriges Beute-Fischchen auf nahezu perfekte Weise. Derartige Nahrung wird vom „Eskimo-Tarpon" auch noch während seines Zuges in die Laichgebiete aufgenommen. Zeitweise kamen die Bisse nach völliger Beiß-Flaute sehr gehäuft, so daß von ziehenden Sheefish-Schulen ausgegangen werden kann.

Der beste Fisch hatte ein Gewicht von 11 Pfund und konnte vom Guide Jack Hayden gelandet werden. Er bereitete einen der frisch gefangenen Sheefish als krönenden Abschluß des Tages in der Wildnis am Lagerfeuer zu. Gegrillte Groß-Maräne – eine ausgesuchte alaskische Delikatesse der ganz besonderen Art.

Der erfahrene Angler Karl-Heinz Gumbert aus Hofheim kam beim Fischen in einer Flußmündung am mächtigen Yukon River ebenfalls mit dem Sheefish in Kontakt. Nachdem er vom driftenden Boot aus bereits einen „Eskimo Tarpon" gelandet hatte, erfolgte ein weiterer, heftiger Biß. Aber er konnte keinerlei Schnur zurückgewinnen. Der Fisch hatte gewendet und zog nun unaufhaltsam stromab. Um nicht selbst in den Hauptstrom hinausgezogen zu werden, mußte Gumbert das Vorfach mit einem Ruck sprengen. Heute ist er sich sicher, daß es sich bei dem von ihm gedrillten Fisch um einen der wirklich kapitalen Sheefish gehandelt hat.

Foto 45   Alaska-Sheefish, gelandet auf einen „El Don's Twisted Coho"

Passendes Gerät

Empfehlenswert ist die Verwendung von stabilem Gerät für mittelschweres Streamerfischen (trotzdem Ersatzgerät in der Wildnis immer im Tages-gepäck mitführen):

- Einhandrute von 2,75–3,05 m (9–10 Fuß) der Schnurklasse 8/9 mit pas-sender Rolle;
- auf Sheefish und Steelhead eine Sinkschnur oder Cortland Quick Des-cent 325 oder Teeny Line T-300/Deep & Down; darüber hinaus kann auf Steelhead auch eine Sinktip-Schnur (3–3,60 m Sinkspitze), eine Inter-mediate (z. B. die Lee Wulff Triangle Taper I 8/9) sowie eine Schwimm-schnur zum Einsatz kommen, z. B. eine WF-8 oder WF-9 Floating Steelhead Taper von Mastery oder die Lee Wulff Triangle Taper Steelhead Line;
- als Vorfach an der Sinkschnur und an der schnellsinkenden Schußkopf-Schnur 0,35 mm bis 0,40 mm starkes Nylon-Monofil, das eine Länge von 60–80 cm haben sollte.
Auf Steelhead mit der Sinktip-Schnur sollte das 0,35 bis 0,40 mm-Monofil-Vorfach 1,50–2,00 m lang sein. An der Schwimmschnur kann

das Vorfach 2,75 m bis ca. 5 m lang sein. Geeignet sind auch die Air-flo-Poly-Leader (schwimmend und sinkend) mit Riverge-Vorfachspitze (2,75 m, Stärke 0,29 mm) aus Fluorcarbon.

Steelhead-Muster
(Foto 52, S. 108)

Moderne Steelhead-Fliegen vereinen hohe Beweglichkeit und starke Kontraste. Erfahrene amerikanische Steelhead-Spezialisten haben zur Farbwahl einmal gesagt: „Jede Farbe ist o. k. – solange es Schwarz oder Violett ist ...". Sehr erfolgreiche Muster sind z. B.:

Samurai
(oder „Black & Purple"; Bindeweise: K. Stühler)
Haken: Lachshaken Größe 2 oder Streamerhaken Größe 2–4
Faden: Schwarz
Schwanz: Violette Marabou-Fibern (bzw. purple/lila), darüber perlmutt Krystal Flash
Körper: Bleidraht-Wicklung als Beschwerung, zwei violette Hahnenfedern (als Körperhechel), dunkel-violette Chenille (vorderes Drittel einmal überwinden, dicken „Thorax" formen)
Flügel: Schwarzer Kaninchenfellstreifen („zonker-strip")
Kopf: Schwarz

Black Marabou-Steelhead Fly
(Th. Dürkop)
Haken: Lachshaken ca. Größe 2
Faden: Schwarz
Kopf: Vergoldeter Cone Head
Körper: Helles Dubbing-Material (ca. 1 cm „aufdubben")
Flügel: Schwarzes Marabou, graues Marabou, darüber goldenes Holografic Flash, darüber schwarzes Marabou, mehrfach mit Knoten sichern, farblos lackieren und alles unter den vergoldeten Cone Head schieben

Purple Marabou-Steelhead Fly
(Th. Dürkop)
Körper: Rosa Dubbing
Flügel: Violettes Marabou, darüber rosa Marabou, darüber silbernes Krystal Flash, darüber violettes Marabou
Darüber hinaus wird von Thomas Dürkop auch seine rote Steelhead-Fliege empfohlen (Flügel: Rosa Marabou, darüber gelbes Marabou, darüber rotes Marabou; ohne Abb.).

Foto 46 Namaycush-Drill auf dem 80 km langen Aishihik-See (Yukon/Kanada)

Foto 47 Die Arktische Äsche nimmt häufig den Streamer.

Foto 48 Gebirgssee-Dolly Varden aus dem Stella Lake (Yukon/Kanada)

Foto 49 Hardy Ruf mit einem kapitalen Namaycush-Saibling („Lake Trout")

Foto 50 Von links nach rechts: Weißer Marabou-Streamer; Olive Woolly Bugger; Olive Matuka; Plushille-Koppe; Grizzly Bunny Bug

Foto 51   Von oben nach unten: Flashabou-Streamer; Taimen-Streamer; Taimen-Maus; Wiggle-Lemming

Foto 52   Von links nach rechts: Samurai; Marabou-Steelhead-Fliegen (3 x); El Don's Twisted Coho

← Foto 53   Der Sibirische Huchen oder Taimen erreicht Rekordlängen um 1,50 m.

↓ Foto 54   Rudi Heger mit kapitaler Steelhead aus dem Babine River (Kanada)

Foto 55   Ein prächtiger Huchen aus der Antiesen ↓

Sheefish-Streamer

El Don's Twisted Coho
(E. L. Tanner)
Haken: Streamerhaken Größe 2–4, Lachshaken Größe 1–2/0
Faden: Schwarz
Körper: Bleidraht-Wicklung, darüber silberner Mylar-Schlauch (der entflochtene Mylar-Schlauch wird am Hakenende mit dem Bindefaden festgelegt, dann straff gezogen und vorne fest umwickelt)
Flügel: Weißes Bucktail, darüber blaues Bucktail (Variante W. Schulte: Weißes Bucktail und perlmutt Flashabou, darüber blaues Krystal Flash)
Kopf: Schwarz
Diese Fliege wurde von E. L. (Don) Tanner in Alaska entwickelt und wird von F. Gründl als Alaska-Allround-Muster empfohlen. Sie fischt z. B. exzellent auf Sheefish, aber auch als Salzwasserfliege im Mündungsbereich alaskischer Flüsse, u. a. auf Coho (Silberlachs). Darüber hinaus ist die „Twisted Coho" im Fluß auf Pazifiklachse usw. erfolgreich.

▦ Huchen, Taimen und Waller

Huchen

Wie stehen die Chancen, wenn wir an einem milden Wintertag bei Schneetreiben an einer Huchenstrecke im Alpenraum auf den „Donaulachs" streamern? Rainer Bouterwek hat es einmal für das konventionelle Fischen beschrieben: „Nichts fangen ist beim Huchenfischen die grausame Regel. Und Fangen ist die gelegentliche Ausnahme, auf die es ein Huchenfischer anlegt und hofft!" Wer auf Huchen fischt, der muß sicherlich standhaft, besonders beharrlich und körperlich fit sein. Doch es wäre weit gefehlt zu glauben, es bestünden mit dem Streamer keine Chancen. Huchenfänge auf Streamer, z. B. aus der Antiesen, aus der Pielach (beide Österreich) und aus dem Regen (Bayern), beweisen das Gegenteil. Auch die Huchenflüsse Sloweniens und anderer Gebiete des ehemaligen Jugoslawien bieten ein gewaltiges Potential.

Der Huchen (*Hucho hucho*) ist Europas größter Salmonide. Ein in den achtziger Jahren in der Drau (Kärnten) gefangener Huchen wog knapp 80 Pfund. Maximal erreichen Huchen offenbar eine Länge um 1,50 m und ein Gewicht von ca. 100 Pfund. Der Huchen kommt natürlich im oberen und mittleren Stromgebiet der Donau in schnellfließenden, sauerstoffreichen und kühlen Gewässern der Äschenregion mit steinigem oder kiesigem Grund vor, ferner z. B. in einigen Karpatenflüssen. In Seen wird er nur selten, vor allem in der Nähe einmündender Flüsse, angetroffen. Im Rhein- und Rhônegebiet etc.

wurde er ausgesetzt. Als Standfisch bezieht der Huchen ein bestimmtes Revier und wandert nur in der Laichzeit im März oder April flußaufwärts, um an seichten Stellen über Kiesgrund für Nachkommenschaft zu sorgen.

Huchen suchen sich gerne einen Unterstand, quasi eine „Wohnung". Dies sind in der Regel Standplätze an großen Felsen, unter Felsplatten, in tiefen Rinnen, an Steinbauten und Wehren. Meist befindet sich ein fischreiches Jagdgebiet mit Nasen, Barben, Äschen etc. in der Nähe. Wenn er jagt, verläßt der Huchen seinen Unterstand. Er lauert nun z. B. am flachen Auslauf oder am Einlauf eines Gumpens, wo das Wasser schnell über ihn hinwegströmt und wo er bequem auf Beutefische steigen kann. Oder er treibt Fische ins flache Uferwasser.

Die beste Fangzeit liegt zwischen Ende November und Mitte Februar. Der Schwerpunkt der Huchenpirsch erstreckt sich auf Mitte Dezember bis Mitte Januar. Meist kommt Gerät der Klasse 9 in Kombination mit einer schnellsinkenden Schußkopf-Schnur (Teeny Line T-400 oder Cortland Quick Descent 425) zum Einsatz. Am kurzen Monofil-Vorfach (0,40– 0,50 mm) wird z. B. mit einem großen „Flashabou"-Streamer oder mit dem „Bunny Bug" gefischt (s. die Kapitel „Streamerfischen auf Hecht" und „Yukons prächtige Saiblinge"). Je nach Tiefe und Strömung der Angelstelle können auch stärkere Beschwerung oder jigartige Streamer erforderlich sein. Die Angelmöglichkeiten auf den Huchen sind in Europa recht dünn gesät. Oft sind vorherige Reservierung und ein Guide erforderlich. Aber ein Versuch lohnt sich, denn die Fischwaid auf den Huchen und andere Arten der Alpenflüsse ist und bleibt etwas ganz Besonderes (Foto 55, S. 108).

Taimen – Giganten der Taiga

Die urgewaltigen Taiga-Flüsse Sibiriens beheimaten einige, für den Streamerfischer hochinteressante Arten. Beispielsweise die großwüchsigen Salmoniden Lenok (*Brachymystax lenok*) und Limba. Der Lenok hat ein riesiges Äschenmaul und wirkt deshalb auf den ersten Blick wie eine Mischung aus einer übergroßen Äsche und einer Forelle. Große weinrote Flecken und schwarze Punkte zieren seine Flanken. Der Limba sieht eher wie eine goldschimmerndschwarzgepunktete Kreuzung aus Forelle und Huchen aus. Beide Fischarten haben auffallend große Augen. Sie lassen sich mit schnellsinkendem Schußkopf, kurzem 0,30 mm-Monofil-Vorfach und „Marabou"- oder „Bunny"-Streamern ansprechen, wie sie z. B. in Yukon, Feuerland und Patagonien zum Einsatz kommen. Unsere größten Lenoks und Limbas wogen etwa 4 kg und maßen 75 cm; sie können offenbar bis ca. 8 kg abwachsen.

Der Taimen (*Hucho taimen*) (Foto 53, S. 108) ist der nordasiatische Vetter unseres Donau-Huchens (*Hucho hucho*). Er erreicht Rekordlängen um 1,50 m und bewohnt kühle, sauerstoffreiche Fließgewässer Osteuropas und Nordasiens. Hierzu zählen die oberen Stromgebiete der Wolga, Flüsse des Ural, ferner Eismeer-Zuflüsse wie die Stromsysteme von Ob, Jenissei und Lena, aber auch das Stromsystem des Amur. Die Laichzeit liegt meist zwischen Mai und Juni. Laichreife Tiere steigen dazu in die Flüsse auf und laichen in den Oberläufen über Kies ab. In den Nebenflüssen bleibt der Taimen bis zum Spätsommer/ Frühherbst und wandert dann in die großen Ströme zurück, um dort unter dem Eis den harten Winter mit Lufttemperaturen bis -55 °C zu verbringen.

Für die Fischerei auf den Taimen eignen sich 2,75–2,90 m lange Einhandruten der „Tarpon-Klasse" 10/12. Dazu passen große Rollen im Lachsformat und Schwimmschnüre der Klasse 10/12. Mit diesem Gerät werden z. B. große, gut gefettete Mausfliegen an der Wasseroberfläche auf den Sibirischen Huchen gefischt. Wo das Wasser nicht zu tief ist, vor Schwellen und an Stromschnellen, lauern z. B. ab Juli die Taimen nicht nur auf Fische. Immer wieder durchschwimmen an solchen Stellen auch kleine Nagetiere wie der Lemming den Fluß. Kein Wunder, daß dort eine langsam, mit ganz kurzen Strips quer über den Fluß geführte „Taimen-Maus" Riesenfische (unter 10 bis über 25 kg) zum Steigen sowie zum Anbiß bringen kann. Eine spektakuläre Streamerfischerei!

Darüber hinaus haben sich beim Befischen tiefer Flußstellen (Gumpen, Einmündungen anderer Fließgewässer, Rinnen etc.) tief angebotene Großstreamer als erfolgreich erwiesen. Erforderlich sind für diese Fischerei schnellsinkende Schnüre oder eine entsprechende Schußkopf-Schnur. Grizzlyfarbene Tandemstreamer aus weichen Hahnenfedern und große gelbe, graue oder schwarze „Bunny Bugs" mit viel glitzerndem Flash sind die richtige Wahl. Sie sollten an einem bis 80 cm langen 0,40 bis 0,50 mm-Monofil-Vorfach mit vorgeschalteter Kevlar-Vorfachspitze (bis 20 kg Tragkraft) gefischt werden. Darüber hinaus habe ich Gerät der Klasse 8 eingesetzt, welches für Lenok, Limba und kleine Taimen ausreicht und ferner beim Fischen mit kleinen Trockenfliegen auf die sibirischen Äschen und Renken eingesetzt werden kann.

Taimenfischen in der Mongolei

Mehrfach haben in der jüngeren Vergangenheit kleine Gruppen europäischer Fliegenfischer in den grandiosen Weiten der Mongolei in fast unberührten Flüssen wie Onon, Ur und Egingol auf Taimen bis 135 cm Länge, Lenok und Äschen gefischt. Als Reisezeit kommt der Zeitraum Ende August bis Anfang Oktober in Frage, denn dann werden die Flüsse klar. Als Unterkünfte stehen zünftige Jurten bereit, es gibt mittlerweile ortskundige Guides, und es wurde die erforderliche Organisation für die Transfers vom Flughafen Ulan-Bator zu einigen mongolischen Taimenflüssen aufgebaut. Voraussetzung ist jedoch körperliche Fitneß. Denn auch diese Touren gehen in die absolute Wildnis, fernab jeder größeren Ansiedlung. Aber gerade dort finden begeisterte Streamerfischer noch ihre Traumgewässer mit riesigen Taimen.

Waller auf Streamer!

Seit geraumer Zeit hört man von besonderen Fängen im Wolga-Delta. Weniger bekannt ist die Tatsache, daß hier neben Wolgazandern, Hechten und großen Rapfen sogar der Waller (Europäischer Wels) mit dem Streamer zu fangen ist.

Erich Brinkhoff ist einer der wenigen, die es versucht haben – mit Erfolg, und dies bereits 1991. Sein erster Wels biß gleich am ersten Tag auf einen weißen Zonker-Streamer aus Kaninchenfell. Es handelte sich um einen Fisch von ca. 15 Pfund. Ungezählte Zander und Rapfen über zehn Pfund konnten auf die Zonker gelandet werden, doch kein einziger weiterer Waller. Die Berichte über Welse, die sich Küken etc. von der Oberfläche holen (also vielleicht auch Oberflächenstreamer?) bestätigten sich nicht. Dagegen ging eine Taktik auf, die sich Erich Brinkhoff zusammen mit seinem Angelfreund bereits zu Hause überlegt hatte: das tiefe Anbieten eines natürlich riechenden großen Streamermusters aus Mink- oder Bisamfell. Zum Einsatz kam starkes Gerät der „Tarpon-Klasse", wie für das Taimen-Fischen beschrieben. Gefischt wurde mit schnellsinkenden Schnüren und Vorfächern von zwei Metern Länge mit kunststoffummantelter Stahlspitze (Umpqua Pike-Vorfach 9,6 ft). Ferner wurde eine kleine Plastikscheibe vorgeschaltet, die der Fliege zusätzliches Leben verleiht. Ein kräftiger Wirbel ermöglichte das schnelle Wechseln der Fliege, denn verschiedene Varianten des Fell-Streamers kamen zum Einsatz.

Der Biß des ersten 30–40 Pfund schweren Welses erfolgte auf den zweiteiligen „Wiggle-Lemming" (Foto 57, S. 125). Nachdem dieser Fisch gelandet werden konnte, waren noch weitere Bisse und gelandete Waller auf dieses Muster zu verbuchen. Die Idee, eine extrem realistische Imitation mit natürlichem Geruch zu fischen, hatte sich voll bestätigt.

Passendes Gerät

Für kleine Huchen, Taimen, Lenok, Limba etc. ist Gerät der Klasse 8 ausreichend. Für das Fischen auf große Huchen, Taimen oder Waller eignen sich z. B.:

- Einhandruten der Klasse 10/12 von 2,75–2,90 m Länge mit passender Rolle für ca. 150 m 30-lb-Backing plus Fliegenschnur. Huchen und Taimen machen meist keine langen Fluchten, dafür kämpfen sie oft heftig in einem enger begrenzten Gebiet.
- Schwimmschnüre der Klasse 10/12, ferner Sinkschnüre oder die extrem schnellsinkende Teeny-Line T-400/Deep & Down bzw. die Cortland Quick Descent 425;
- ein rutenlanges Vorfach an der Schwimmschnur aus sich auf ca. 0,40 mm verjüngendem Nylon-Monofil, ggf. mit einer vorgeschalteten,

kurzen Kevlar-Spitze. An schnellsinkenden Schnüren sollte ein bis 80 cm langes Vorfach von 0,40–0,50 mm Stärke mit zwischengeschaltetem Wirbel und bis 20 kg tragender Kevlar-Vorfachspitze gefischt werden. Das Waller-Vorfach ist im Text (s. o.) beschrieben.

Beim Streamerfischen in Wildnisgebieten ist stabiles, absolut verläßliches Gerät erforderlich. Wichtige Bestandteile wie Ruten, Rollen und Fliegenschnüre sollten mehrfach im Gepäck sein. Sonnenschutz und Mückenmittel gehören für die Sommermonate mit ins Gepäck. Die Kleidung entspricht der für Touren in nordische Länder.

Huchen-, Taimen- und Waller-Streamer
(Foto 51, S. 108)

Flashabou-Streamer
(R. Moser, H.-E. Wagner; Bindeweise: H. Klein)
Haken: Streamerhaken Größe 6/0
Faden: Gelb
Schwanz: Multicolor Flashabou
Augen: Glasaugen (z. B. Heavy Glass Eyes, 6–8 mm) oder Kettchenaugenpaar festlegen und mit Sekundenkleber sichern
Körper: Silberner oder perlmutt Mylar-Schlauch oder weiße Chenille
Flügel: Multicolor Flashabou
Bart: Rotes Flashabou
Kopf: Gelbe Chenille (oder Tinsel Glimmer Chenille), Knoten mit Sekundenkleber sichern
Mit diesem Streamer konnte bereits eine stattliche Anzahl großer Hechte und großer Huchen gelandet werden. Das Werfen mit dem nassen (dann relativ schweren) Streamer ist nicht ganz einfach und bedarf einer gewissen Übung.

Taimen-Streamer
(W. Schulte)
Haken: Zwei Streamerhaken mit geradem Öhr, Größe 2/0–6/0
Hakenverbindung: Aus einem Stück alter Fliegenschnur oder, als weniger flexible Variante, aus einem auf beiden Einzelhaken eingebundenen starken Draht (Wicklungen stets mit Lack oder Sekundenkleber sichern)
Faden: Schwarz oder rot
Schwanz: Weißes Bucktail (spärlich), darüber perlmuttfarbenes Flashabou, darüber 6 bis 10 grizzly Hahnensattelfedern (12 cm lang)
Körper: Rote Wolle oder rote Chenille
Flügel: Weißes Bucktail, darüber etwa 8 bis 12 grizzly Hahnensattelfedern (ca. 15 cm lang), darüber perlmuttfarbenes Flashabou

Bart: Rotes Marabou

Kopf: Schwarz, wahlweise Augen auftupfen (gelber und schwarzer Binde-lack)

Taimen-Streamer sind in der Herstellung etwas aufwendig, aber für das Streamerfischen z. B. auf Hecht und Taimen (*Hucho taimen*) bestens geeignet. Es handelt sich um einen wohl ursprünglich in den Nieder-landen entwickelten Streamertyp. Die Vorteile liegen im geringen Ge-wicht sowie in der hohen Beweglichkeit der weichen Hahnenfedern unter Wasser.

Taimen-Maus

(Bindeweise: W. Schulte)

Tube: Plastik-Tube oder fester Silikonschlauch, ca. 7 cm lang

Faden: Schwarz, reißfest

Schwanz: Schmaler weicher Fell- oder Lederstreifen

Körper: Rundum Elchhaar oder Bucktail, vorn gestutzt, Kopfknoten mit Lack oder Sekundenkleber sichern

In Sibirien und in der Mongolei können mit diesem Maus-Streamer Taimen überlistet werden, die auf schwimmende Kleinnager (z. B. Mäuse und Lem-minge) steigen. Lemminge überqueren in der Taiga auf ihren Wanderungen Flüsse z. B. in der Nähe von Felsschwellen und Furten und werden dabei vom Taimen erbeutet. Das Anbieten der gut gefetteten Maus erfolgt mit der Schwimmschnur.

Der Waller-Streamer

Dieser zweiteilige Streamer heißt „Wiggle-Lemming" (von Jonathan Olch) und erfordert einigen Bindeaufwand. Als Fell wird für den Schwanz und den Körper z. B. Bisam verwendet. Kopf und Ohren werden aus zurechtge-schnittenem „Deer Hair" hergestellt. Der Streamer kann über Erich Brinkhoff bezogen werden.

▦ Dorados, Piranhas und Payara

Auf Dorado und Piranha in Südamerika

In den Stromschnellen des gewaltigen brasilianischen Rio São Francisco beim Ort Pirapora haben wir mehrere schlanke Fischerboote ausgemacht. Ein Teil der Besatzung ist damit beschäftigt, das Boot gefährlich nahe an einigen großen, aus der starken Strömung herausragenden Felsen zu hal-ten. Vorn im Bug steht ein alter Fischer. Er schwingt eine dünne Leine wie ein Lasso über dem Kopf, läßt die Schnur lossausen und holt sie „Hand über Hand" mit hohem Tempo wieder ein. Wir drücken die Zweige eines alten Mangobaumes beiseite und schauen etwas genauer hin. Was da am Ende der Leine in kurzen Abständen ins milchkaffeebraune Wasser ausgeworfen wird, ist nichts anderes als ein mit Holz und Federn selbst hergestellter unterarmlanger (!) Oberflächenköder. „Sie jagen den Dourado", kommentiert mein deutsch-brasilianischer Freund die gerade vor uns im reißenden Tropenstrom ablaufende Aktion, „dieser Fisch kann über einen Meter lang werden und erreicht mehr als zwanzig Kilogramm ..."

Der Name „Dourado" (portugiesisch) oder „Dorado" (spanisch) bedeutet soviel wie „goldglänzend". Er beschreibt sehr treffend die Kopf- und Flankenfärbung des „tigre de los rios" oder „Tigers der Flüsse", die am Bauch und an den Flossen in ein leuchtendes Orange-Gelb übergeht. Die rötlichorange gefärbte Schwanzflosse weist um die Mittelstrahlen eine breite schwarze Längszeichnung auf. An den Kopfseiten sind mächtige Kiemendeckel-Platten vorhanden.

Das Verbreitungsgebiet der Dorados erstreckt sich auf große Teile Südamerikas, z. B. auf die Flußsysteme des Rio Magdalena (Kolumbien), des Orinoko (Venezuela), des Amazonas und des Rio São Francisco (Brasilien) sowie auf die am weitesten nach Süden reichenden Flußsysteme des Rio Paraguay, des Rio Paraná und des Rio Uruguay. Dorados verfügen über eine Fettflosse und gehören zu den Salmlern – Gattung *Salminus*. Unterschieden werden u. a. die Arten *Salminus affinis* (im Norden Südamerikas vorkommend), *S. brasiliensis* (z. B. Rio São Francisco und Stauseen; bis über 1,20 m) und *S. maxillosus* (im südlichen Verbreitungsgebiet; ebenfalls rund 1 m Länge erreichend). Rekordfische erreichen rund 30 kg (Foto 62, S. 126). Dorados lauern ihren Futterfischen häufig in der Nähe von Stromschnellen oder in Flußbereichen mit starker Strömung auf, und sie verfügen über einen starken Kiefer mit scharfer Bezahnung.

In den riesigen Trübwassergebieten der großen südamerikanischen Flüsse sowie im brasilianischen Pantanal-Sumpfgebiet (Oberlauf des Rio Paraguay) bestehen nur mäßige Chancen, mit dem Streamer auf Dorado und andere Raubfischarten zu fischen. Eine Möglichkeit, in zeitweise klaren Flüssen vom Ufer bzw. watend auf Dorado-Pirsch zu gehen, bietet sich im September und Oktober (niedriger Pegel und Klarwasserperiode) z. B. in einigen Flüssen der argentinischen Provinz Salta. Genaue Informationen über die jeweilige Wetter- bzw. Wassersituation sind jedoch unabdingbar.

Anders verhält es sich mit den Esteros del Ibera in der argentinischen Provinz Corrientes. Hierbei handelt es sich um ein rund 13000 km² großes Gewässersystem mit unzähligen labyrinthischen Kanälen, Seitenarmen, Lagunen und Buchten – eine amphibische Landschaft mit einer überreichen Tier- und Pflanzenwelt. Von Niederschlägen reichlich versorgt, bildet dieser gigantische Wasserspeicher das Quellgebiet des Rio Corrientes. -

Unabhängig von der Dauer und Stärke der Regenfälle ist das Wasser in den Esteros del Ibera das ganze Jahr über klar, mit einer huminstoffbedingten leicht bräunlichen Färbung. Dies schafft ideale Bedingungen für das Streamerfischen auf Dorado und andere Raubfischarten, wie z. B. Piranhas.

Von der Lodge führt ein Kanal mitten in das Labyrinth aus Rinnen, Seitenarmen, Wasserlilienbeeten, Röhricht- und Sumpfzonen. Ohne Führer wäre man binnen kurzer Zeit ohne Orientierung. Die Guides finden sich jedoch traumwandlerisch sicher zurecht. In den Kanälen herrscht zum Teil eine kräftige Strömung. Genau dort, wo sich Einmündungen, Verzweigungen und Unterspülungen befinden, können wir auf den Dorado treffen. Er lauert an der Strömungskante oder an schnell strömenden Stellen auf Beute. An relativ flachen oder verkrauteten Abschnitten kommt die Intermediate-Schnur zum Einsatz. Überall da, wo es etwas tiefer ist, wird eine rasch sinkende Schußkopf-Schnur bzw. ein entsprechender Sink-Schußkopf an der Running Line eingesetzt. Am besten bewährt haben sich rückgratstarke Einhandruten der Klasse 8 oder 9, ggf. auch Klasse 10. Gefischt wird vom driftenden Boot, vom gestakten Boot, von einem im Schilf bzw. am Ufer festgehaltenen Boot oder von kleinen Inseln aus.

Rückschwung – Vorschwung und schon transportiert die Teeny T-300 den gelb-schwarzen „Dorado"-Streamer hinaus in die ca. 25 °C warmen, bräunlichen Fluten. Wenn ein Dorado den Streamer nach den ersten schnellen Strips nimmt, dann beginnen wilde Fluchten und Sprünge (Foto 56, S. 117). Von diesem Moment an vergeht die Zeit für den Angler unendlich langsam – bis der südamerikanische „Flußtiger" endlich gelandet werden kann. Ein mittlerer Fisch reißt schon bei der ersten Flucht viele Meter Schnur von der Rolle. Bislang konnten Dorados bis 19 kg mit Rute und Rolle gelandet werden. Rekordfische, die nach alter Tradition der Guarani-Indianer mit dem Speer erbeutet worden sind, brachten 30 kg auf die Waage. Es hat sich als wichtig erwiesen, beim Binden der Streamers starkdrähtige Haken zu verwenden, die über einen ausreichend großen Hakenbogen verfügen. Wenn diese Voraussetzung erfüllt ist, stehen die Chancen weitaus besser, daß der Haken im großen Kiefer des Dorado sicher fassen kann.

Darüber hinaus werden in den Esteros del Ibera nicht selten sechs bis sieben weitere Raubfischarten auf die „Dorado"-Streamer gelandet. Darunter der San-Antonio-Barsch (ein Cichlide, teils 1,5 Pfund), der Boga-Salmler (döbelartiger Raubfisch, ca. 1–3 kg) und Piranhas (durchschnittlich 300–400 g, maximal etwa 1 kg schwer). Nach der Landung ist mit den bullig wirkenden Piranhas beim Hakenlösen wegen der rasiermesserscharfen, dreieckigen Zähne große Vorsicht geboten (Foto 59, S. 125)! Auch frisch abgetötete Piranhas können mit ihren starken, blitzschnell zuschnappenden Kiefern bei unachtsamem Verhalten tiefe Fleischwunden verursachen.

Foto 56 Dorado-Drill in den Esteros del Ibera (Argentinien)

Die Piranha-Forschung (Untersuchungen zur Salmler-Gattung *Serrasalmus*/Sägesalmler) ist noch in den Anfängen, doch muß man davon ausgehen, daß in ganz Südamerika rund 20 Piranha-Arten vorkommen (SCHULTE 1995).

Piranhas können in großen Schwärmen auftreten und haben in südamerikanischen Gewässern als Aasvertilger zeitweise eine überaus wichtige ökologische Funktion. Sie schneiden mit ihrem Gebiß – ähnlich wie der Hai – mühelos „Portionshappen" aus der Beute. Größere Wirbeltiere werden von ihnen auf diese Weise binnen kurzer Zeit skelettiert. Ein starkes Stahlvorfach ist obligatorisch, und der Fliegenverbrauch steigt bei häufigen Piranha-Bissen sehr stark an ...

Payara

An Land ist der Säbelzahntiger seit Äonen ausgestorben. In Venezuela finden wir ihn offenbar noch heute – und zwar im Wasser ... Gemeint ist der Payara (*Hydrolycus pectoralis*), einer der skurrilsten und schnellsten Raubfische südamerikanischer Flußsysteme. Sein im wahrsten Sinne hervorstechendes Merkmal sind zwei überdimensionale Fangzähne im Unterkiefer. Bei geschlossenem Maul liegen diese Säbel in entsprechenden Scheiden im Oberkiefer. Weitere nadelspitze Zähne ergänzen die „Frontwaffen". Gerät

Beute in dieses Gebiß, ist sie verloren. Der Payara bewohnt schnelles Wasser, z. B. die turbulenten, stark strömenden Abschnitte (Stromschnellen) der huminstoffreichen Schwarzwasserflüsse des Orinoko-Systems. Zu den wenigen Europäern, welche diese Fischerei zusammen mit kleinen Gruppen begeisterter Streamerfischer bisher erlebt haben, gehören Frieder Binder und Thomas Michael. Zwischen September und Dezember (die beste Zeit ist oft der Oktober) kann der Payara gefischt werden.

Zum Einsatz kommen Einhandruten von 9 Fuß der Klasse 9 und schnellsinkende Schußkopf-Schnüre (z. B. Teeny T-400). Geworfen wird der Payara-„Deceiver" schräg stromabwärts in die Strömungsmitte. Nun wird die Rute unter den Arm bzw. unter die Achsel geklemmt (dabei nicht die Rolle blockieren). Die Fliegenschnur wird zweihändig – „Hand über Hand" – sehr zügig eingestrippt. Wenn ein Payara den Streamer verfolgt, wird zügig weiter eingestrippt, bis der Fisch voll genommen hat. Der Anschlag erfolgt also mit der Schnurhand. Was dann kommt, wiegt die weite Anreise ins Land der „Säbelzähne" für einen echten Streamerfischer mehr als auf: Nach einigen Sprüngen jagt der flüchtende Payara in ungeheurem Tempo los. Oftmals sogar quer durch die schnellste Strömung!

Unter den Payaras, die mit dem Streamer gelandet werden konnten, waren wunderbar silbern glänzende Fische um die 10 kg – mit Brustflossen lang und spitz wie kleine Tragflächen (Foto 58, S. 125). Rekordfische können bis ca. 30 kg wiegen und offenbar über 1,30 m Länge erreichen. Daneben kommt noch eine kleinere Payara-Art vor (der dünne Payara-Machete) und ferner die Sardinata, ein schneidiger Raubfisch von teilweise 5 kg und etwa 80 cm Länge. Scheuen Sie lange Flüge und Fernreisen in Tropengebiete? Diese unglaublichen Fische in Südamerika könnten Sie umstimmen ...

Passendes Gerät

Streamerfischen auf Dorado und Payara etc. erfordert solides Gerät, z. B.:

- eine starke Einhandrute von etwa 2,75 m Länge (9 Fuß) der Klasse 9 mit passender Rolle für ca. 150 m 30-lb-Backing plus Fliegenschnur. Dorados sind sehr kampfstark und sprungfreudig, unternehmen jedoch meist keine langen Fluchten. Anders beim Payara, denn dieser Fisch sollte mit 250 m Backing-Kapazität befischt werden (geeignet sind z. B. die Steel-Fin Vario 8 oder Vario 69);
- eine Teeny Line T-300 (oder T-400)/Deep & Down oder eine Cortland Quick Descent 325 (oder 425) oder ein entsprechend schnellsinkender Schußkopf mit Running Line, darüber hinaus eine Intermediate-Schnur (Klasse 9);
- ein Vorfach aus einem rund 80–150 cm langen Nylon-Monofil von 0,40–0,45 mm Durchmesser (für Payara 0,30–0,40 mm) in Verbindung

mit einem 30–40 cm langen Stahlvorfach, z. B. aus geflochtener Stahlseide, von 8–13 kg Tragkraft der Marke Drennan für Dorado. Beim Fischen auf Payara haben sich nylonummantelte Stahlvorfächer bewährt. Zwischen Monofil und Stahlvorfach wird ein Tönnchenwirbel geschaltet.

Streamer
(Foto 60, S. 125)

Dorado-Streamer
(B. Ottermann, M. von Siemens)
Haken: Starkdrähtig mit großem Hakenbogen, z. B. Größe 4/0
Faden: Schwarz
Schwanz: Vier bis sechs schwarze Hahnenfedern (9–11 cm), seitlich einige Streifen silbernes Flashabou (Variante: olivgrüne Hahnenfedern)
Körper: Silbernes Flashabou
Flügel: Rundum gelbes Bucktail (6–7,5 cm) einbinden, darüber perlmutt Flashabou (Variante 1: rotes Bucktail, darüber perlmutt Flashabou; Variante 2: schwarzes Bucktail, darüber silbernes Flashabou)
Kopf: Schwarz

Marabou Dorado-Muddler
(B. Ottermann, M. von Siemens)
Haken: Starkdrähtig mit großem Hakenbogen, z. B. Größe 4/0
Faden: Grün, reißfest
Schwanz: Rotes Marabou (7 cm), darüber goldenes Krystal Flash
Körper: Silbernes Flashabou
Flügel: Schwarzes Bucktail (8–9 cm), darüber perlmutt Flashabou
Haarkranz: Graues Bucktail, darüber hellgrünes Bucktail (jeweils rundum eingebunden)
Kopf: Hellgrünes Bucktail, gestutzt
Beide Streamertypen, die sich auf Dorados, Piranhas etc. bewährt haben, können beim Veranstalter (s. Anhang: Argentinien/Esteros del Ibera) bezogen werden.

Payara-Deceiver
(F. Binder)
Haken: Z. B. TMC 800 S, Größe 4/0
Faden: Weiß
Schwanz: 16 weiße Hahnenfedern (Schlappen), darüber perlmutt Krystal Flash, seitlich silbernes Holographic Flash
Flügel: Blaues Bucktail als Ober- und Unterschwinge, oben blaues Krystal Flash

Kopf: Blaue Glimmer Tinsel Chenille, Epoxy Eyes (7 mm) mit Sekundenkleber aufkleben, Kopfknoten mit Lack sichern
Eine Variante des Payara-„Deceiver" von Frieder Binder kann mit gelben Hahnenfedern z. B. in Kombination mit blauem oder rotem Bucktail gebunden werden.

Notwendiges Equipment beim Fischen in den Tropen:
- Hakenschleifstein oder Diamant-Nagelfeile
- Zange zum Lösen des Streamers und zum Richten des Hakens
- Sonnenschutz (breitkrempiger Hut, Sonnenmilch etc.)
- Polarisationsbrille
- leichte (Baumwoll-) Bekleidung
- leichte Regenjacke
- Taschenlampe oder Stirnlampe
- Moskitoschutz (z. B. für die Abendstunden)
- ausreichend Trinkwasser

Tigerfisch

Irgendwo im Fluß unterhalb des Camps schnauben und prusten Nilpferde beim Luftholen. Die Herde der großen Pflanzenfresser ist auf ihrer jährlichen Wanderung flußabwärts zu den sommerlichen Weidegründen am gewaltigen, zeitlos schönen Sambesi. Nachttiere und Insekten singen das Lied der afrikanischen Nacht, die – so will es scheinen – nirgendwo auf dieser Erde schwärzer sein kann. Was Streamerfischer aus der ganzen Welt hierher ins Tiger-Camp von Adrienne und Bernard Esterhuyse nach Sambia zieht, ist der sagenumwobene „Tiger Afrikas". Denn eine der ersten Adressen für den Fang kapitaler Tigerfische ist der im Süden Afrikas gelegene Oberlauf des Sambesi-Stromes.

Der afrikanische Tigerfisch ist einer der faszinierendsten Raubfische des Süßwassers. Sein Vorkommen ist auf Afrika beschränkt, sein wissenschaftlicher Name *Hydrocynus vittatus* bedeutet nicht ganz ohne Hintersinn „gestreifter Wasserhund". Das auf den ersten Blick am meisten ins Auge stechende Merkmal des Tigerfisches ist sein respekteinflößendes Gebiß. Seine kräftigen Kiefer sitzen voll langer, spitzer Fangzähne. Der Körper des Tigerfisches wird von harten, silbrigen Schuppen bedeckt. Die Flanken weisen parallele schwarze Streifen auf, der Rücken ist dunkel gefärbt. Die Flossen leuchten gelb-orange. Nur die Fettflosse des „Tigers" ist schwarz (Foto 61, S. 126). Daß dieser Fisch sehr schnell zu schwimmen vermag, wird durch seine kräftige, tief gegabelte Schwanzflosse und seinen torpedoförmigen Körperbau deutlich. Mit Fliegengerät auf Tigerfisch zu angeln, bedeutet die Begegnung mit einem pfeilschnellen und einem der wildesten Kämpfer unter den tropischen Raubfischen.

Stromab einer Insel

Die Schußkopf-Schnur transportiert den hellgrünen Streamer aus gefärbten Hahnenfedern weit hinaus ins angetrübte Wasser des afrikanischen Sambesi, stromab einer Insel. Direkt an der Strömungskante lauern dort Tigerfische auf Beute. Das Einstrippen erfolgt zügig. Hilfreich ist dabei ein „stripping basket" (Schnurkorb), denn die eingezogene Schnur ist vor dem Bauch im umgeschnallten Behälter weitaus besser aufgehoben als zwischen den kantigen, großen Ufersteinen. Die Fliege wird stromab geworfen, und man läßt sie etwas absinken. Dann wird der Streamer gegen die Strömung eingestrippt. Der plötzliche Biß und die explosionsartige erste Flucht lassen die Schnur durch die Ringe schießen. Eine Serie von Luftsaltos folgt. Jedesmal muß die Rute gesenkt werden, um den Druck auf Vorfach und Schnur zu mindern. Es ist eine aufregende Fischerei, bis wir den ersten Tigerfisch auf die fluoreszierend hellgrüne „Tigerfisch-/Tarpon-Fliege" landen können. Seine stark bezahnten Kiefer öffnen und schließen sich über dem Streamer, als der Fisch vor uns seine Breitseite zeigt. Der Tiger wiegt gute sechs Pfund. Unglaublich, wieviel Kraft in einem Fisch dieser Größe steckt.

Erlebnisfülle Afrika

Der Sambesi ist zur besten Fangzeit im Mai/Juni rund 300–500 m breit und die afrikanische Natur überwältigend: Flußpferde und viele andere Tierarten sind zu beobachten, darunter z. B. über 240 Vogelarten, die im Gebiet heimisch sind. Eine Fülle neuer, unvergeßlicher Eindrücke erwartet den Gast während der Angeltouren auf dem Sambesi und in der Umgebung des modernen Camps.

Von Europa kann die Anreise über direkte Flugverbindungen nach Lusaka, der Hauptstadt Sambias, erfolgen. Von dort aus erreicht man das rund 600 km entfernte Camp nahe Lukulu entweder mit dem Allrad-Fahrzeug (man wird abgeholt) oder durch einen zweistündigen Zubringerflug. Von Johannesburg (Südafrika) aus ist Lukulu mit einem Anschlußflug ebenfalls erreichbar. Das Tiger-Camp liegt am oberen Sambesi im Gebiet der „Barotse Floodplains". Neben guter Unterkunft sind moderne Boote mit starken Außenbordmotoren und die exzellente Gebietskenntnis der Guides die entscheidenden Grundlagen für erfolgreiches Fischen. In der Regenzeit von Dezember bis März können in dem Gebiet bis zu 100 km breite Flächen überflutet sein. In dieser Zeit ruht die Fischerei. Die Tigerfisch-Saison beginnt im April/Mai und endet im Herbst.

Tigerfische halten sich manchmal in langsam fließendem Wasser auf, z. B. im Strömungsschatten von Inseln oder in Buchten. Mittelgroße Fische stehen gern in flachen, schnell fließenden Flußabschnitten. Die Kapitalen gehen häufig im Einlauf von Gumpen an den Haken, wo flacher Gewässergrund abrupt in die Tiefe abfällt. Man läßt den Streamer mit der Strömung absinken – danach wird er mit kurzen, schnellen Strips über den Steilabfall stromauf geführt. Stehen die Raubfische tief, hat sich langsameres Einziehen der Fliege bewährt. Beim Werfen vom Ufer (Foto 65, S. 126) oder Boot sowie beim ebenfalls sehr produktiven Schleppfischen mit dem Streamer haben sich z. B. leuchtend grüne oder gelbe „Bunny"-Muster und weiße Plushille-Großstreamer mit viel glitzerndem „Flash" bewährt. Zahlreiche Tiger gehen bereits in der ersten Phase des Drills verloren. Nur mit wirklich scharfen, belastbaren Haken bestehen reelle Chancen, starke Fische zu landen. Ein guter Hakenschärfer gehört daher zur Ausrüstung, ferner eine Polarisationsbrille und ausreichender Sonnenschutz.

Die Tigerfische des Sambesi können ein Gewicht von etwa 12 kg erreichen. Etliche der großen Fische wiegen um 7 kg. Der Rekordfisch des Jahres 1997 erreichte 8,9 kg. Darüber hinaus kommen weitere, interessante Fischarten vor. Afrikanische Barsche, wie z. B. der Three-Spotted Bream (*Oreochromis andersonii*, bis ca. 4,5 kg) und der Nembwe (*Serranochromis robustus*, bis ca. 3 kg), sind hier mit dem Streamer zu fangen. Ferner werden andere, kleinere Barscharten mit dem Streamer gelandet. Insgesamt wurden im Sambesi bislang rund 140 Fischarten nachgewiesen. Zwölf davon werden derzeit mit Spinn- oder Fliegengerät befischt. Das Tiger-Camp hält für verschiedene der im oberen Sambesi vorkommenden Fischarten und Schnurklassen derzeit insgesamt 13 IGFA-Weltrekorde!

Passendes Gerät

Beim Streamerfischen am oberen Sambesi auf Tigerfisch und afrikanische Barscharten kommt folgendes Gerät zum Einsatz:

- Rückgratstarke Einhandrute von 2,75 m–3,05 m Länge (9–10 Fuß) der Klasse 8/9 mit passender, gut dimensionierter Rolle für rund 200 m Backing
- In der Regel eine Running Line mit einem schnell sinkenden Schußkopf oder eine Teeny Line T-300/Deep & Down bzw. Cortland Quick Descent 325, seltener kommen Intermediate- und Schwimmschnur (jeweils Klasse 8/9) bzw. entsprechende Schußköpfe zum Einsatz.
- Vorfach aus einem rund 1,50 m langen Nylon-Monofil von 8–10 kg Tragkraft und einem 20–30 cm langen Stahlvorfach (z. B. Klavier-Stahldraht) von etwa 20 kg Tragkraft, das an einem Wirbel befestigt werden kann. Wer einen Rekordfisch melden möchte, ist gut beraten, sich von

Bernard Esterhuyse den Aufbau des dafür erforderlichen Vorfachs mit „class tippet" zeigen zu lassen.

Streamer

Die Tigerfische des Sambesi erbeuten im Fluß u. a. die River-Sardinen, deren Aussehen an überdimensionale Guppy-Weibchen erinnert. Ferner ernähren sie sich kannibalisch von jungen Tigerfischen, welche silbrige Flanken und orange Flossen haben. Für die Fischerei auf Tigerfisch in den trüben Fluten eignen sich außer gelben „Bunny"-Streamern (vgl. Kapitel „Streamerfischen auf Hecht") mit viel glitzerndem „Flash" und einem zweiten Einzelhaken, der mittels eines kurzen Stahlvorfachs unter dem Schwanz eingebunden werden muß, z. B. folgende Streamermuster:

Green Tigerfisch-/Tarpon-Fly
Haken: Meereshaken, z. B. TMC 800 S, Größe 2–2/0
Faden: Hellgrün
Schwanz: 6 bis 8 fluoreszierend hellgrün gefärbte Hechelfedern vom Hahn (oder fluoreszierend hellgrüner Kaninchenfellstreifen mit perlmutt Flashabou und Krystal Flash)
Hechelkranz: Fluoreszierend hellgrüne Hechelfedern vom Hahn (oder fluoreszierend hellgrüne Marabou-Fibern)
Kopf: Farblos oder schwarz lackieren
Die leuchtgrüne Version mit Kaninchenfellschwanz und Marabou-Kragen kann bei Bedarf bei Flyfishing Brinkhoff bezogen werden.

Plushille-Tigerfisch-Streamer
(Foto 64, S. 126) (D. Martin)
Haken: Starkdrähtiger scharfer Haken, Größe 4/0–6/0
Faden: Weiß
Beschwerung: Glasaugen (6–8 mm) einbinden
Schwanz: Weißes Ghostfiber-Material, darüber silbernes Holographic Flash.
Kopf: Weißen Plushille-Strang um den Hakenschenkel winden und mit scharfer Schere zurechtstutzen (in Fischkopf-Form trimmen), mit wasserfestem Filzstift (Edding etc.) colorieren (roter Kiemen-Strich auf jeder Seite)
Kopfknoten: Mit Sekundenkleber sichern

Foto 57 Erich Brinkhoff mit einem Wels aus dem Wolga-Delta, gelandet auf einem „Wiggle-Lemming"

Foto 58 Payara – der pfeilschnelle „Säbelzahntiger" Venezuelas

Foto 59 Piranha-Gebiß mit rasiermesserscharfen, dreieckigen Zähnen

Foto 60 Von links nach rechts: Payara-Deceiver; Marabou Dorado-Muddler; Dorado-Streamer (2 x)

Foto 61   Tigerfisch aus dem Sambesi

Foto 62   Kapitaler Dorado von 1,25 m Länge und ca. 60 Pfund

Foto 63   Eine der silberblanken Meerforellen (11 Pfund) von Bernd Ziesche

Foto 64   Plushille-Tigerfisch-Streamer von Darrel Martin

Foto 65   Streamerfischen im Sambesi auf den Tigerfisch

Meeresfische

Meerforelle, Hornhecht, Dorsch und Wolfsbarsch

Streamerfischen auf Meerforelle und Hornhecht

Eine Neopren-Wathose und wärmende Faserpelz-Unterbekleidung sollte neben dem Angelgerät im Gepäck sein, wenn es im Frühjahr an die Ostsee zum Meerforellenfischen geht. Der beste Zeitraum für diese faszinierende Streamerfischerei liegt zwischen März und Anfang Mai. Auch ein Tagesrucksack mit einer Thermoskanne kann dabei nicht schaden, denn die Ostsee mißt im März-April meist nur 6 bis 10 °C, und der Wind kann bitterkalt sein.

Zum Fischen sind im Frühjahr milde West- oder Südwinde und bedeckter Himmel günstig. Erfolgträchtige Fangstellen sind häufig durch den „Leopardengrund" gekennzeichnet. Hierbei handelt es sich um einen Mischgrund aus Sand, Steinen, Muscheln, Seegras und braunem Tang. Ferner können ins Meer hinausragende Landzungen und Stellen, an denen der Grund sehr steil abfällt, gute Fangvoraussetzungen bieten. Es ist zu Beginn des Angelns wichtig, nicht sofort tief einzuwaten, sondern zunächst immer das Flachwasser in Ufernähe abzufischen. Je rauher die See ist, desto größere Streamer mit glitzerndem „Flash-Material" werden verwendet. Ruhige Tage verlangen dagegen nach kleineren Mustern und gedeckteren Farben.

Um einen Abschnitt der Küste systematisch abzufischen, wird die Intermediate- oder Schwimmschnur in einem Winkel von etwa 90 Grad ausgebracht. Die Streamerführung richtet sich nach dem Verhalten der Nährtiere. Fischförmige Streamer wie die „Pekay" werden in der Regel in gleichmäßigen Zügen langsam eingezogen. Garnelen-Streamer werden dagegen mit Strips und eingeschalteten kleinen Pausen eingeholt. Wer großes Glück hat, kann im Frühjahr silberblanke große „Überspringer" von über 10 Pfund landen. Schlanke Forellen, die noch vom Laichgeschäft gezeichnet und daher in schlechter Kondition sind, sollten nie entnommen werden. Die dänische Ostsee, u. a. Küstenabschnitte der Inseln Fünen (hier gibt z. B. Erik Borup Meerforellenkurse), Langeland und Als, sind gespickt mit guten Meerforellen-Fangplätzen.

Schwedens Ostseeküste, z. B. zwischen Abbekas und Skillinge, kann im Frühjahr (März bis Mai) ebenfalls hervorragendes Fischen bieten. Bernd Ziesche war dort mehrfach mit Meerforellen bis 5,5 kg erfolgreich (Foto 63, S. 126). Auch Lachse bis 10 kg werden an Südschwedens Küste hin und wieder gelandet. Den Ufern sind stellenweise Riffe mit großen Steinen und Tang vorgelagert – und genau dort jagt manche kapitale Meerforelle. Erfolgreiche Muster sind z. B. „Spectraflash-Woolly Bugger" (z. B. bei angetrübtem Wasser), ferner „Green Coastguard", „Brauner Streamer" und „Magnus". Mit dünnem Bleidraht unterwickelte Fliegen fischen an der Schwimmschnur und vier Meter langem Vorfach nicht direkt unter der Oberfläche, was Fehlbisse reduziert. Ist der Wellengang stärker, sollten eine Intermediate-Schnur und unbeschwerte Fliegen gefischt werden. Bei auflandigem Wind kann beim Fischen nahe am Ufer ein Belly Boat hilfreich sein. Doch nie sollte man dies alleine, ohne ortskundigen Führer, ohne Schwimmweste und ohne Kompaß tun. Denn wenn blitzschnell Nebel aufzieht, dann sieht man bisweilen kaum noch die eigene Rutenspitze ...

Je mehr es auf den Sommer zugeht, desto wahrscheinlicher treffen wir an der Nord- und Ostsee auf Hornhechte, die z. B. mit der „Christbaum-Fliege" oder kleinen Flohkrebsmustern anzusprechen sind. Ab Mai kann der Hornhecht (*Belone belone*) an den Küsten sein. Wenn er den Streamer nimmt, liefert er schneidige Fights mit vielen Sprüngen. In der warmen Jahreszeit verlagert sich das Meerforellenfischen an der Ostsee in die späten Abend- und Nachtstunden. Jetzt sind z. B. schwarze Muddler-Streamer erfolgreich, die gut gefettet an der Wasseroberfläche gefischt werden. Beim Einziehen verursacht der Muddler V-förmige Wellen, welche die Meerforelle dazu bringen, an die Oberfläche zu steigen und zuzuschlagen.

Auch im Nordwesten Irlands können wir ein Meerforellenfischen der Sonderklasse erleben, z. B. im Mündungsgebiet des River Erne. Etwa drei Stunden vor dem Tiefststand der Ebbe rauben hier die Meerforellen u. a. auf Sandaale. Eine am glasklaren, rund 2,50 m langen Monofil-Vorfach (0,25 mm Spitze) mit der Intermediate- oder Stillwater-Schnur gefischte „Pekay" oder die „Blue Pekay" verfehlen hier nur selten ihre Wirkung. Haben die „bread and butter fish" keine Rekordmaße, so können am Erne auch Meerforellen der 50 bis 60 cm-Klasse gelandet werden. Wenn die großen Streamer versagen, hat sich öfter die kleine „Purcell's Peter Variant" als Geheimtip erwiesen.

Dorschangeln mit dem Streamer

Immer wieder passiert es, daß nach Einbruch der Dunkelheit ein Dorsch die Fliege nimmt. Im Sommer kann es sogar vorkommen, daß Ostsee-Dorsche auf den Muddler-Streamer steigen. Schätzen Sie ebenfalls ein fangfrisches, gebratenes Dorschfilet? In diesem Fall ist ein mäßiger Dorsch alles andere als lästiger Beifang. Wo an der Ostseeküste das seichte Ufer stellenweise steil in die Tiefe abfällt, lohnt es sich, in der Dunkelheit mit einem schnellsinkenden Schußkopf oder einer Teeny Line gezielt auf Dorsch zu fischen. Denn hier kommen die bräunlich marmorierten Räuber herauf, um z. B. auf Sandaale und andere kleine Fische, Garnelen und Strandkrabben zu jagen. Je nach Wassertiefe kann auch ein Intermediate- oder Floating-Schußkopf sinnvoll sein. „Marabou"- und „Bunny"-Streamer, wie sie beim Barschfischen Verwendung finden, haben sich in Schwarz und Gelb auch beim Streamerfischen auf Dorsch bewährt. Stellenweise gehen ferner Köhler, Wittling und sogar Hering an den Streamer. Einige sehr gute Fangplätze liegen in Dänemark z. B. am Kleinen Belt. Aber auch Felsküsten, z. B. in Norwegen, Island und Grönland, bieten vom Ufer aus produktives Dorschfischen mit dem Streamer.

Wolfsbarsch-Pirsch

In Europa gibt es einige Plätze, wo erfolgreich mit dem Streamer auf Wolfsbarsch (*Dicentrarchus labrax*) gefischt werden kann. In den Niederlanden werden aus der Nordsee teilweise Fische um 8 kg gelandet. Eines der besten Fanggebiete ist die Oosterschelde. Vom Boot aus fischt dort seit August 1996 eine Gruppe niederländischer Fliegenfischer um Rudy van Duijnhoven und René Flohil mit Streamern erfolgreich auf Wolfsbarsche bis über 80 cm Länge. Eine Hauptbeute der scheuen, silbernen „Sea Bass" sind kleine Fische und Sandaale. Die Wolfsbarsche werden meist zwischen Mai und Ende Oktober vor allem bei ablaufendem Wasser befischt. Notwendige Voraussetzungen sind wenig Wind und möglichst klares Wasser, denn Wolfsbarsche sind Augenjäger. Zum Einsatz kommen Ruten der Klasse 8/9 und Teeny Lines T-300 und T-400, um den Streamer tief anbieten zu können, z. B. mit Hilfe von zwei Elektromotoren nahe großer Brückenpfeiler in einer Wassertiefe von 7–25 m.

Eine weitere interessante Möglichkeit, mit der Fliegenrute, transparenter Stillwater-Schnur, langem Vorfach (mit 0,15 mm Spitze!) und weißen Garnelenmustern wie der „Aura-Garnele" in einem meernahen See auf Wolfsbarsche mit Gewichten zwischen 300 g und ca. 2 kg zu fischen, bietet sich in Frankreich nahe Beauvoir-sur-Mer (60 km südwestlich von Nantes). Dort gehen auch Meerbrassen an die Fliege. Die Saison dauert von Mai bis Oktober.

Passendes Gerät

- Wurfkräftige Einhandrute von 2,75–3,05 m Länge (9–10 Fuß) der Klasse 8/9 und passende Rolle mit rund 150 m Backing-Kapazität. Für die Fischerei auf kleine Salzwassersee-Wolfsbarsche und Meerbrassen in Frankreich ist Gerät der Klasse 5/6 ausreichend.

- Je nach Wassertiefe und Art der Fischerei eine Schußleine und Schußköpfe (schnellsinkend, intermediate, schwimmend erforderlich). Alternativ kann die Teeny Line T-300 oder T-400/Deep & Down bzw. eine Cortland Quick Descent 325/425, ferner eine Intermediate- oder Mastery-Stillwater-Schnur sowie eine WF-8/9-Schwimmschnur gefischt werden.
- Je nach Schnurtyp Vorfachlängen/-stärken bis 80 cm Länge (0,30–0,35 mm) an der Teeny Line etc., bis 2,50 m Länge (ca. 0,25 mm Vorfachspitze) an der Stillwater Line/Intermediate sowie bis 4 m Länge (0,25 mm Vorfachspitze) an der Schwimmschnur. Am Wolfsbarschsee sind sehr feine Vorfachspitzen nötig (z. B. 0,15 mm).

Meerforellen-, Hornhecht- und Wolfsbarsch-Streamer
(Foto 71, S. 143)

Blue Pekay
(Falkus-Sunk-Lure-Variante von K. Bauer)
Haken: Zwei Naßfliegenhaken Größe 6–8 (oder Naßfliegenhaken Größe 6–8 mit einem kleinen Drilling kombiniert); die Verbindung besteht aus zwei Strängen 0,45 mm-Nylon-Monofil
Faden: Rot
Körper: Lurex, silber
Flügel: Oberseite silbernes Krystal Flash, darüber hellblaues Bucktail; Unterseite weißes Bucktail; gesamtes Flügelmaterial so lang, daß der Endhaken gerade bedeckt wird
Kopf: Mit dem Faden einen Kopfwulst formen, darüber scharlachrotes Glo Brite Floss, farblos lackieren

Pekay
(P. Paulini; Bindeweise: K. Bauer)
Haken: Wie „Blue Pekay" (s. o.)
Faden: Schwarz
Körper: Lurex, silber oder perlmutt
Flügel: Oberseite perlmutt Krystal Flash, darüber braunes Bucktail; Unterseite weißes Bucktail; Länge des Flügelmaterials wie bei der „Blue Pekay"
Kopf: Schwarz
„Peter Paulinis Killer Fly" oder kurz „Pekay" genannt und die von Dr. Klaus Bauer entwickelte Falkus-Sunk-Lure-Variante „Blue Pekay" erweisen sich als überaus erfolgreiche Streamer beim Meerforellenfischen im Salzwasser und im Brackwasser. Auch Hornhechte sind damit zu landen. Beide Fliegen haben eine hervorragende Aerodynamik und ebenso gute Eigenschaften beim Einziehen (kein Drehen der Fliege im Wasser). Wenn die Fische sehr

spitz beißen, sollte die „Secret-Weapon-Variante" mit dem kleinen Enddrilling in der Fliegendose sein. Die Vorfachspitze aus glasklarem Nylon-Monofil darf nicht schwächer als 0,25 mm gewählt werden.

Purcell's Peter Variant

(P. O'Reilly; Bindeweise: K. Bauer)
Haken: Naßfliegenhaken 2–3 x lang, Größe 6–8
Rippung: Ovales feines Silbertinsel oder Silber-Lurex
Körper: Flaches Silbertinsel oder Silber-Lurex
Flügel: Perlmutt Krystal Flash, darüber weißes Ziegenhaar, darüber grünes Ziegenhaar
Barthechel: Rote Hahnenfeder-Fibern
Kopf: Schwarz
Wenn die „Pekays" versagen sollten, kommt nicht selten diese von Peter O'Reilly als „Willie's Fancy" (von Willie McAndrew aus Castlebar) vorgestellte Fliege zum Einsatz. Von Dr. Klaus Bauer wurde das Muster weiterentwickelt. Es sollte als Einzel- bzw. Endfliege gefischt werden und bewährt sich z. B. in den Mündungsbereichen des River Moy und des River Erne beim Streamerfischen auf Meerforellen.

Spectraflash-Woolly Bugger

(B. Ziesche)
Haken: Streamerhaken Größe 4, z. B. Kamasan B 800
Faden: Schwarz
Schwanz: Lila bzw. violettes Marabou
Körper: Wahlweise Bleidraht-Wicklung, grüne grizzly Hahnenfeder (Körperhechel), Spectraflash-Chenille
Kopf: Neongrüne Chenille, Knoten mit farblosem Lack sichern

Green Coastguard

(B. Ziesche)
Haken: Streamerhaken Größe 6, z. B. Kamasan B 800
Faden: Schwarz
Rippung: Ovales feines Silbertinsel
Körper: Wahlweise Bleidraht-Wicklung, flaches Silbertinsel
Flügel: Hellgrüner Polarfuchs, darüber wenig gelber Polarfuchs, darüber feines grünes bzw. hellblaues Flashabou, seitlich je eine feine grizzly Hahnenfeder
Kopf: Schwarz

Brauner Streamer

(B. Ziesche)
Haken: Streamerhaken Größe 6, z. B. Kamasan B 800

Faden: Schwarz
Schwanz: Perlmutt/hellblaues feines Flashabou
Körper: Wahlweise Bleidraht-Wicklung, flaches Silbertinsel
Flügel: Brauner Polarfuchs, darüber feines kupfer Flashabou
Barthechel: Orange Polarfuchs, darüber perlmutt Flashabou
Kopf: Schwarze Chenille, Kopfknoten mit Lack sichern

Magnus-Garnelenfliege
(Variante, B. Ziesche)
Haken: Streamerhaken Größe 4–6
Faden: Schwarz
Schwanz: Brauner Polarfuchs, seitlich kupfer Flashabou
Beschwerung: Goldenes Paar Kettchenaugen
Körper: Grizzly Hahnenfeder (als Körperhechel), Hasenohr-Dubbing
Kopf: Farblos lackieren

Christbaum-Fliege – Juletrae
(Dänemark)
Haken: Meeresstreamerhaken Größe 4–8
Faden: Rot
Körper: Rote Unterwicklung, darüber perlmutt Flashabou Mylar-Schlauch (am Hakenende und am Öhr mit dem Bindefaden festlegen), am Hakenende etwas Material überstehen lassen
Flügel: Entflochtener perlmutt Mylar-Schlauch
Kopf: Rot
Vor allem bei Sonnenschein bzw. bei klarem Wetter ist der perlmutt glitzernde „Christbaum" z. B. an Dänemarks und Hollands Küsten eine erfolgreiche Meerforellen- und Hornhechtfliege.

Meerforellen-Muddler
(E. Borup)
Haken: Meeresstreamerhaken Größe 4–6
Faden: Schwarz, reißfest
Schwanz: Badger-Hahnenfeder-Fibern
Körper: Schwarzes Dubbing
Flügel: Graues Eichhörnchen, perlmutt Krystal Flash
Hechel: Schwarze Hahnenfeder
Muddler-Kopf: Schwarzes Bucktail rundum büschelweise festlegen (beim Festziehen des Fadens richtet es sich auf) und zurechtstutzen, Kopfknoten mit Lack sichern
Im Sommer bei der Nachtfischerei auf Meerforellen einer der erfolgreichsten Oberflächenstreamer. Die beim Einziehen auf der Oberfläche produzierten V-förmigen Wellen reizen die Meerforelle zum Anbiß.

Aura-Garnele
(A. Jensen; Bindeweise: E. Borup)
Haken: Meereshaken Größe 6–12
Faden: Weiß
Schwanz: Polarfuchs (weiß), auf jeder Seite je eine Dachshaar-Granne als „Antenne" einbinden
Augen: Zwei Stücke 0,45 mm Nylon, Enden verbrannt
Körper: Helles Dubbing, gemischt mit Flashabou-Dubbing polar-perl
Kopf: Farblos lackieren
Auf Meerforellen, aber auch auf Wolfsbarsch und Meerbrassen in Frankreich bewährter Garnelen-Streamer.

Wolfsbarsch-Streamer/Seabass-Fly
(R. v. Duijnhoven)
Haken: Meereshaken Größe 1/0
Faden: Weiß
Schwanz: Acht ca. 16 cm lange weiße Hahnenfedern, darüber grünes Krystal Flash (ca. 12 cm lang)
Hechel: Zwei weiße Hahnenfedern
Beschwerung: Bleiaugen (auf dem Hakenschenkel fixiert)
Kopf: Grünes Krystal Flash, Kopfknoten farblos lacken
Dieses Muster wurde von Rudy van Duijnhoven und anderen vom Boot aus im Gebiet der Oosterschelde mit schnellsinkendem Schußkopf bzw. Teeny Line T-300 oder T-400 mit Erfolg auf Wolfsbarsche getestet.
  Ebenfalls zu empfehlen sind die aus dem weichen Velvet-Stoffschlauch hergestellten Brinkhoff-Muster „Blankaal" und „Tobiasfisch" (ohne Abbildung), jeweils in Hakengröße 1/0 zu beziehen.

Dänemark: Für das Fischen in Dänemark ist eine Tages-, Monats- oder Jahreslizenz erforderlich, die in Postämtern und Fremdenverkehrsbüros erhältlich ist, Mindestmaße: Dorsch 45 cm, Meerforelle 40 cm
Schweden: Das Mindestmaß für Meerforellen beträgt 50 cm. Vom 1. Oktober bis 1. Januar besteht für Meerforelle und Lachs eine Schonzeit.

In beiden Ländern ist der vorgeschriebene Mindestabstand von Flußeinmündungen einzuhalten.

Pollack, Makrele und Blauhai

An den felsigen Atlantikküsten Europas, inbesondere in Irland, Schottland und Norwegen, bieten sich im Sommer für Salzwasser-Streamerfischer ungeahnte Möglichkeiten. Wir können davon ausgehen, daß heutzutage erst ein geringer Teil dieses Potentials erschlossen ist. Ein ideales Betätigungsfeld für experimentierfreudige Fliegenfischer tut sich hier auf – z. B. beim Streamerfischen auf Pollack, Makrele und sogar auf Blauhai.

Streamerfischen auf Pollack

Nur wenige europäische Fliegenfischer haben bislang in Westirland, z. B. im nordwestlichen County Mayo, oder im Norden Schottlands mit Fliegengerät vom Felsufer oder vom Boot aus auf Pollack und Köhler gefischt. Erfolgversprechend sind vor allem Küstenabschnitte, an denen das felsige Ufer steil in die Tiefe abfällt. Gute Fangmöglichkeiten bieten dort nicht selten „Felsnasen" und kleine Vorsprünge, die sich etwas ins Meer vorschieben. Auf solchen exponierten Angelplätzen ist oftmals genug Wurfraum vorhanden, doch die Kletterei und das Fischen ist hier alles andere als ungefährlich. Wo die Klippen nahe der Wasserlinie feucht bzw. mit glitschigen Algen und mit Tang bewachsen sind, kann die Angelei lebensgefährlich werden. Bei nassem Wetter oder bei Regen sollten Sie den Klippen generell fernbleiben. Erst wenn die Felsen wieder völlig abgetrocknet sind, sollte man sie wieder betreten. Beim Werfen, beim Drill oder bei der Landung eines Fisches ist ein sicherer Stand des Anglers existentiell wichtig. Aus Sicherheitsgründen sollte man nie alleine am Meer in einem Steilufer herumkraxeln, geschweige denn alleine dort fischen (SCHULTE & EIBER 1997, S. 133ff.).

Hat man einen geeigneten, sicheren Standplatz auf einer Felsklippe mit vorgelagerter Tiefenzone gefunden, wird der Streamer mit einem schnellsinkenden Schußkopf oder einer Schußkopf-Schnur den Pollacks serviert. Das Monofil-Vorfach von ca. 0,40 mm Stärke sollte höchstens einen Meter lang sein, um die Sinkleistung des Schußkopfes optimal auszunutzen. Nach dem Wurf heißt es abwarten, um den Streamer gut absinken zu lassen. Geeignet ist ein helles bzw. weißes Streamermuster, z. B. die „Platinum Blonde", eine bekannte Salzwasserfliege von Joe Brooks, der eine ganze Serie berühmter Blonde-Streamer entwickelte.

Beim Pollackfischen vor Schottlands Felsküsten vom Boot aus konnten niederländische Fliegenfischer erfolgreich den „Pollack"-Streamer einsetzen. Dieses Muster wird mit einem kopfnahen Bleiaugenpaar eigenschwer gebunden und sinkt hierdurch rasch ab. Der Haken fischt „upside down", also mit der Hakenspitze nach oben – was Hänger im Tang oder Fels deutlich minimiert. Die Grundfarben dieses glitzernden Musters (unten Weiß, oben Blaugrün) lassen es raubenden Pollacks als kleinen Hering oder einen ähnlich gefärbten kleinen Fisch erscheinen. Wenn Pollacks auf Beute aus sind, bieten sich z. B. um Irland, Schottland, aber auch an Norwegens Küsten von kleinen Booten aus reelle Chancen mit dem Streamer.

Viele norwegische Fjorde bieten zwischen Juli und September, insbesondere bei einlaufender Flut, produktives Streamerfischen auf Pollack sowie auf Köhler und Dorsch in teils respektablen Größen um 5–10 kg. Ferner beißen Schellfisch, Knurrhahn, Lippfisch, Makrele und andere Arten. Vom Boot aus können mit beschwerten Fliegen (brauchbar sind auch gelbe und weiße Jig-Fliegen, gebunden auf Twister-Bleikopf-Haken) ohne weiteres Tiefen von 15 m und mehr erreicht werden. Bewährt haben sich dabei u. a. Einhandruten der Klasse 9 (und höher) mit einer Rolle im Großlachs-Format (für rund 200 m Backing) und schnellsinkender Schußkopf-Schnur. Bei Bedarf wird noch ein Lead Core/Bleikern-Schußkopf von mehreren Metern Länge vorgeschaltet. Als Vorfach eignet sich ca. 0,40 mm starkes Nylon-Monofil von maximal 150 cm Länge. Geworfen wird diese schwere Schußkopf-„Bleifliegen"-Kombination z. B. mit einem Rundumschwung, wie er u. a. beim Fischen mit schweren Pazifik-Lachsfliegen angewendet wird. Ein breitkrempiger Hut kann dabei als Kopfschutz nicht schaden.

Makrelenfischen mit der Fliegenrute

Mit einer Variante der Pollack-Fliege, nämlich mit einem nicht minder fängigen „Makrelen-Streamer", sind Sie auch auf die schneidige, grün-blau schimmernde kleine Thunfisch-Cousine erfolgreich. In Schottland, Irland, Norwegen, Nova Scotia (Kanada) etc. kommen im Sommer die Makrelenschwärme zeitweise nahe an die felsigen Steilküsten heran. Es kann passieren, daß die Makrelen an geeigneten, tiefen Stellen in Wurfdistanz vorbeiziehen und dann sogar vom Ufer aus befischbar sind. Doch mit einem kleinen Boot ist bei ruhiger See in ufernahen Gewässerzonen der Erfolg fast sicher – wenn die Makrelen da sind. Es kann das gleiche Gerät wie beim Pollackfischen eingesetzt werden, denn nicht selten sind im Sommer beide Fischarten im gleichen Gebiet anzutreffen.

Blauhai auf Streamer

Zahlreiche Meeresangler fahren Jahr für Jahr z. B. an die Westküste Irlands, um dort auf Blauhai zu fischen. Doch nur sehr wenige haben es jemals mit der Fliegenrute und einem großen Streamer auf Blauhai versucht. René Flohil und Rudy van Duijnhoven hatten damit Erfolg (Foto 69, S. 143).

An Bord des Bootes „Blue Water" und unterstützt vom irischen Skipper John Brittain, der ebenfalls begeisterter Fliegenfischer ist, unternahmen die beiden von der Hafenstadt Clifden aus Anfang August 1997 den entscheidenden Törn. Nicht weit vor der Küste galt der erste Stop dem Makrelenfang, da Makrelen für die „Rubby-duppy"-Duftspur und für das „teasing" benötigt werden. Etwa eine Stunde später sind die Blauhai-Fanggründe erreicht. Haie sind in der Lage, Fischöl und Blut selbst in kleinsten Mengen

(z. B. in einer Verdünnung von 1 : 1 500 000) noch wahrzunehmen und gezielt anzuschwimmen. Durch den Fleischwolf gedrehter Makrelenbrei oder Makrelenstücke in zwei über Bord gehängten Zwiebelsäcken interessieren mit ihrer Duftspur daher die Blauhaie eines nicht gerade kleinen Gebietes und bringen sie in Bootsnähe.

Eine halbe Stunde später wird der erste Blauhai auf einen konventionellen Makrelenköder eines nicht fliegenfischenden Angelgastes gelandet. Und plötzlich sind noch mehrere weitere Haie in Bootsnähe. Die richtige Zeit also, die starken Fliegenruten der Klasse 12 klar zu machen. Als Rolle kommt z. B. die System Two 1213 mit rund 500 m Backing-Kapazität (30-lb-Dyneema-Nachschnur) zum Einsatz. Vor die Schußleine ist ein superschnell sinkender Schußkopf geschaltet. Das Vorfach besteht aus einem kurzen Stück Nylon-Monofil mit einem starken Stahlvorfach als Spitze.

Mit einer zweiten Rute wird ein hakenloses Makrelenstück – der „teaser" – eingeworfen und immer wieder eingeholt, um einen Blauhai zur Verfolgung zu animieren. Als ein erster Hai bis in Bootsnähe nachläuft, wird der „teaser" vor seinem Maul weggezogen und der rund 27 cm lange, weiß-blaue Großstreamer serviert. Der Blauhai wendet, sucht den Köder und nimmt den Streamer! Dann geht die Fahrt ab in die Tiefe. Etwa 60 m Backing werden von der Rolle gerissen und das Zurückpumpen beginnt. Zwei- bis dreimal wiederholt sich dieses „Tauziehen", bevor der Blauhai gelandet werden kann. Dieser erste Streamer-Hai von Rudy wiegt etwa 35 Pfund. Danach wird Renés Streamer auch ohne den „teaser" von einem Blauhai genommen. Dieser Fisch bringt etwa 55 Pfund auf die Waage und unterstreicht die Tatsache, daß auch Blauhaie mit entsprechendem Flugangelgerät erfolgreich zu fischen sind.

Passendes Gerät

Fischen auf Pollack und Makrele
- Wurfkräftige Einhandrute von 2,75–3,05 m Länge der Klasse 8/9 oder stärker mit passender, salzwassergeeigneter Rolle
- Schnellsinkende Schußkopf-Schnur, z. B. eine Teeny-Line T-300 (T-400) oder eine Cortland Quick Descent 325 (425); alternativ ein schnell-sinkender Schußkopf in Kombination mit einer geflochtenen Schußleine. Bei Bedarf kann ein Lead Core/Bleikern-Schußkopf vorgeschaltet werden.
- Als Vorfach ein 100 cm–150 cm langes Stück Nylon-Monofil von 0,35–0,40 mm Stärke

Fischen auf Blauhai
- Meeresfliegenrute der Klasse 12 oder 13 (z. B. Fenwick HMG, G. Loomis Nautikos, Sage RPLXi, Orvis PM) und passende, salzwassergeeignete Rolle mit Fassungsvermögen von rund 500 m 30-lb-Backing

- Extrem schnellsinkender Schußkopf in Kombination mit einer geflochtenen, stabilen Schußleine, ferner eine Teeny Line T-500 oder eine Cortland Quick Descent 525
- Vorfach aus 0,60–0,70 mm Nylon-Monofil mit vorgeschaltetem Stahlvorfach

Streamer
(Foto 68, S. 143)

Platinum Blonde
(Joe Brooks; Bindeweise: W. Schulte)
Haken: Meereshaken Größe 2/0, z. B. TMC 800 S
Faden: Weiß oder rot
Schwanz: Weißes Ziegenhaar (8–9 cm), darüber perlmutt Krystal Flash
Körper: Flaches Silbertinsel
Flügel: Weißes Ziegenhaar (10 cm), darüber perlmutt Krystal Flash
Kopf: Rot

Pollack-Streamer
(R. v. Duijnhoven)
Haken: Meereshaken Größe 2/0, hinter dem Öhr gebogen
Faden: Weiß
Körper: Flaches Silbertinsel
Beschwerung: Haken „upside down" einspannen, Bleiaugen unter dem Hakenschenkel fixieren
Flügel: Weißes Bucktail (10–11 cm) mit etwas Flashabou (perlmutt, silber) beigemischt, darüber grünes und blaues Flashabou
Kopf: Mit farblosem Lack sichern

Makrelen-Streamer
(R. v. Duijnhoven)
Haken: Meeresstreamerhaken Größe 2–4
Faden: Weiß
Beschwerung: Haken „upside down" einspannen, Bleiaugen unter dem Hakenschenkel fixieren
Flügel: Weißes Bucktail (8 cm), darüber blaues und grünes Flashabou, darüber olivgrünes Bucktail
Kopf: Mit farblosem Lack sichern
Ebenfalls geeignet zum Pollack- und Makrelenfischen sind der „Clouser's Deep Minnow", vor allem in hellen Farben wie „Red & White" und „Foxee Dace" (von Bob Clouser) und der „Sheep Deep" in den Versionen „Shad", „Crappie" und „Bluegill" (von Dave Whitlock), die z. B. über Flyfishing Brinkhoff (Adresse s. Anhang) bezogen werden können. Auf Pollack,

Köhler, Dorsch etc. haben sich ferner gelbe und weiße Jig-Fliegen bewährt, die auf Twister-Haken gebunden werden können.

Blauhai-Streamer
(R. v. Duijnhoven)
Haken: Meereshaken Größe 7/0
Faden: Weiß
Flügel: Weißes Supreme Hair (oder Orvis Ultra Hair, Super Hair), darüber perlmutt Flashabou, darüber weißes Synthetic Hair, darüber perlmutt Flashabou, darüber weißes Supreme Hair (oder Orvis Ultra Hair, Super Hair), darüber weißes Synthetic Hair, als „topping" grünes und blaues Flashabou (alle Materialien ca. 27 cm lang)
Kopf: Perlmutt Mylar-Schlauch überschieben, Epoxy Eyes (5 mm) aufkleben und anschließend Kopf mit Epoxi-Kleber (z. B. UHU plus schnellfest) überziehen

▓ Bonefish, Permit, Barrakuda und andere Räuber der Flats

Zuerst kann ich im türkisgrünen Meer nur einen graublauen, formlosen Fleck ausmachen. Fragend schaue ich zu meinem Guide hinüber. „Bonefish-Cordell" ist ein absoluter Top-Mann. „Many, many Bonefish!" ruft er zu mir herüber. Stakend bringt er das Boot langsam auf Wurfdistanz. Vor uns bewegt sich ein dichter Schwarm von weit über tausend Bonefish, mit denen eine Schule von etwa 35 Permit schwimmt.

Zuerst schnappt ein Permit meine „Luzi" und sprengt das Vorfach. Dann löst sich ein großer Bonefish aus der Masse, nimmt das neu angebundene, gleiche Muster und macht Druck. Nach enormen Fluchten landen wir einen „Big Bone" von 9 Pfund (Foto 66, S. 139). Die Pirsch geht weiter. Wurfbereit stehe ich im Bug. Barfuß, um zu verhindern, daß ich auf die Schnur trete. Einzelfische oder Bonefish-Schulen, die schattenhaft über die Flats ziehen, sieht der Guide in aller Regel zuerst. Nun gibt er Richtung und Wurfdistanz an, etwa: „Bonefish, twelve o'clock, ten meters!" („Bonefish, auf zwölf Uhr, in zehn Metern Entfernung"). Wenn der Wurf paßt und der Fisch nimmt, fliegt die Schnur nur so von der Rolle. Selbst kleine Bonefish machen enorme Fluchten. Am gleichen Tag lande ich auf den „Needlefish"-Streamer noch einen kapitalen Barrakuda von fast 1,40 m Länge (Foto 67, S. 139). Wo auf dieser Welt gibt es solche Fanggründe? Beispielsweise um die Bahamas.

Foto 66   Bahama-Bonefish von 9 Pfund

Foto 67   Barrakuda von fast 1,40 m

Traumziel Bahamas

Die Bahamas liegen rund 80 km südöstlich vor Florida im Atlantik. Ein Archipel aus über 700 tropischen Eilanden. Bewohnt sind etwa 30 Inseln, touristisch erschlossen 15. Die Hauptstadt Nassau mit dem internationalen Flughafen liegt auf der Insel New Providence. Meeresangler zieht es jedoch zu den Inseln draußen, den „out islands" oder „family islands". Diesen Inseln vorgelagert sind riesige türkisgrüne Flats, bunte Korallenriffe und azurblaue, ozeanische Tiefen. Quasi vor der Haustüre fließt der Golfstrom vorbei. Dort, wo diese Meeresströmung auf die Inseln trifft, sammeln sich Massen von Fischen. Stellenweise bietet sich die Chance, auf den Flats mit der Fliege auf Bonefish (*Albula vulpes*, wohl bis 10 kg), Permit (*Trachinotus falcatus*, bis ca. 25 kg, Foto 70, S. 143), Barrakuda (*Sphyraena barracuda*, bis 2 m, ca. 50 kg) und andere Arten zu fischen, und beim Hochsee-Fliegenfischen nahebei Erfahrungen mit den schnellen Räubern des offenen Meeres wie Kingfish, Dolphin und Wahoo zu sammeln.

Die Exumas und Acklins Island

Wer erstklassiges Fischen in einer paradiesischen Karibik-Inselwelt erleben möchte, der ist hier richtig. Riesengroße Flats bieten eine exzellente Fischerei auf Bonefish. Durchschnittsfische liegen zwischen 2 und 4 Pfund, doch der Fang kapitaler Bonefish von 15 bis 17 Pfund ist verbrieft. Ferner bestehen um die Exumas und um Acklins Island beste Chancen auf Barrakuda. Oft werden Barrakudas beim Schleppen großer Streamer mit einer schnellsinkenden Schußkopf-Schnur gefangen, aber einen pfeilschnell gestrippten Streamer nehmen sie bisweilen auch. Hierfür ist eine Fliegenrute ab Klasse 10 erforderlich. Barrakuda-Standplätze sind z. B. Rinnen und Gezeitenkanäle, Abbrüche vom Flachen ins Tiefe und Riffe. Wenn der „Hecht des Meeres" den Streamer nimmt, dann sieht man ihn nicht selten als silberglänzenden „Torpedo" durch die Luft wirbeln. Die nun folgenden Fluchten sind so rasant, daß jedes starke Bremsen sinnlos wäre. Der Drill dieses Raubfisches hat es in sich! Nach der Landung ist mit den trapezförmigen, messerscharfen Fangzähnen Vorsicht geboten. Barrakudas der äußeren Korallenriffe sind nicht zum Verzehr geeignet, da sich das Gift von Nahrungstieren hier im Körper des Raubfisches anreichern kann (Ciguatera-Vergiftung). Barrakudas aus den Innenlagunen werden dagegen oft verwertet. Die Inselbewohner erbeuten ferner Langusten, Conch (eine große Meeresschnecke) und delikate Snapper.

Die Biminis

Hier wandeln wir auf historischem Boden. Ernest Hemingway kam in den dreißiger Jahren hierher. Das „Mekka" der Meeresfischerei ist das „Compleat

Angler" – eine Bar und zugleich ein Museum für den berühmten Fischer und
Literatur-Nobelpreisträger. Abends trifft man sich dort und bestaunt die
Fotos von Schwertfischen, Marlinen, Thunen, Permit- und Bonefish-Riesen.
Um die Hotels der Insel und an den Docks liegen heute die Boote zahlreicher
erfahrener Skipper und Guides. Rund um die Biminis sind in den letzten Jahren beständig Permits sowie mehrere Weltrekord-Bonefish von 12, 13 und
16 Pfund für verschiedene Vorfach-Klassen gelandet worden. Immer wieder
hat sich gezeigt, daß ohne die Umsetzung der Erfahrungen guter Guides effi-
zientes „Bonefishing" kaum möglich ist:

- Unbedingt zu vermeiden ist, daß die Schnur oder die Fliege über den
  Fischen aufklatscht: besser ein kürzerer und gefühlvoller Wurf als ein
  energiegeladener, blinder Weitschuß. Auch beim Waten ist dieser Punkt
  von größter Bedeutung.
- Manchmal ist das Ausbringen der Schnur bei Gegenwind erforderlich
  („to hammer against the wind"). Dies sollte ggf. auf einer Wiese zu Hause
  rechtzeitig trainiert werden.
- Fliegenwahl-Faustregel: Helle, glitzernde Fliegen über hellem Grund (Korallensand), dunkle Fliegen über dunklem Grund (z. B. mit „turtlegrass").
- Die Fliege möglichst immer vor den Fischen ablegen und dabei auf
  Windböen achten. Kommen die Fische über die Fliege, langsam Schnur
  einziehen.
- Milchig-trübe Stellen („mud") verraten Bonefish, die in tieferem Wasser
  beim Fressen den Bodengrund aufwirbeln. Nun sind Bleiaugen-Fliegen
  (z. B. „Brown Shrimp") erforderlich, die rasch absinken. Hinter Stech-
  rochen, die im Grund wühlen, sehen wir ebenfalls „Mud-Fahnen". Oft folgen ihnen Bonefish bei der Futtersuche, die mit der Fliege anzusprechen
  sind.
- Die Schnur wird eingezogen (ruhige, langsame Züge) und nicht eingestrippt! Folgt ein Fisch der Fliege, werden kurze schnelle „ticks" einge-
  schaltet, damit die Fliege jeweils kurz stehen bleibt. Der Bonefish kann
  die Fliege nun besser nehmen.
- Beim Einziehen der Schnur die Rutenspitze immer gesenkt halten – in
  einer Linie mit der hereinkommenden Schnur.
- Spüren wir einen kurzen Ruck (Biß), einfach die Schnur weiter einziehen. Nie mit der Rute anschlagen!
- Hat sich der Fisch gehakt, müssen wir ihn bei kerzengerade hochgehal-
  tener Rute, zunächst nur ganz minimal gebremst, flüchten lassen.
- Einen gehakten, flüchtenden Bonefish nicht mit Gewalt abstoppen. Die
  einzige Ausnahme bildet ein Fisch, der auf ein Mangrovendickicht
  zuhält. Wenn er ins „Holz" schwimmt, kommt es in vielen Fällen zum
  Vorfachbruch.

Manchmal wird ein Bonefish während des Drills von einem Barrakuda oder einem Hai attackiert. Ein derartiger Angriff erfolgt teilweise mit atemberaubender Geschwindigkeit. Es ist unglaublich, wie schnell z. B. ein Zitronenhai im rasenden Zick-Zack-Kurs sein Opfer verfolgt. In einem solchen Fall muß man sofort die Rollenbremse öffnen und den Bonefish davonschießen lassen. Oft hat er jedoch keine Chance! Dagegen stehen die Chancen für Fliegenfischer ganz hervorragend, in einer der Rinnen, die sich von den Inseln ins Meer ziehen, einen kapitalen Barrakuda auf eine „Needlefish Fly" zu landen. Und sogar der Zitronenhai (*Negaprion brevirostris*; engl.: Lemon Shark) kann gelegentlich mit einem Streamermuster überlistet werden.

Bahamas, Belize, Florida, Kuba, Mexiko und Venezuela

Es gibt mittlerweile eine nicht unbeträchtliche Anzahl von reizvollsten Zielen für Salzwasser-Meeresfischer, die mit Fliegengerät auf die schnellen Räuber der Flats fischen möchten. Abschließend einige Hinweise auf weitere Angeltechniken und Fischarten, die das Streamerfischen in der Karibik so faszinierend machen.

Crevalle Jack

Schulen von *Caranx hippos* bzw. des „Krawall-Jacks", wie diese bis ca. 25 kg erreichende Raubfischart manchmal in Anspielung seiner Kraft genannt wird, kommen z. B. von den Außenriffen zeitweise in die Gezeitenkanäle, um hier vor allem auf Sardinenschwärme zu jagen. Vom geankerten Boot haben wir u. a. in den Jardines de la Reina (Kuba) mit der Schwimmschnur mit weißen und gelben „Popping Bugs" (vgl. Kapitel „Auf ‚Bass' und Urwaldbarsche") auf dieses „Energiepaket" gefischt. Das große Popper-Muster wird geräuschvoll und blasenwerfend gegen die Strömung eingestrippt. Dabei kommt es vor, daß auch andere Jack-Arten (z. B. die Großaugen-Stachelmakrele) oder ein Barrakuda auf die Fliege steigen.

Tarpon

Hochburgen für das Tarpon-Fischen sind z. B. Florida und Belize. Während kleine bis mittlere Fische meist in Schulen umherziehen und sich oft in Mangroven-Kanälen aufhalten, trifft man die wirklich großen Exemplare z. B. in tiefen Rinnen meist einzeln an. Es wäre aber weit gefehlt, einen Tarpon, der die Fliege genommen hat, bereits vor der Kamera zu glauben. Viele Tarpons gehen bereits beim Anbiß nach dem ersten Luft-Salto verloren, wenn die Fliege im riesigen, rauhen Maul keinen Halt findet. Ein gut gehakter *Megalops atlanticus*, der bis 2,40 m und ca. 150 kg erreichen kann, liefert einen Fight, den man so schnell nicht wieder vergißt (Foto 74, S. 144).

Foto 68 Von links nach rechts: Platinum Blonde; Pollack-Streamer; Clouser's Deep Minnow; Foxee Dace; Makrelen-Streamer; Blauhai-Streamer

Foto 69 Rudy van Duijnhoven mit seinem Blauhai (Irland)

Foto 70 Bahama-Permit von rund 20 Pfund

Foto 71 Von links nach rechts: Blue Pekay (2 x); Pekay; Purcell's Peter Variant; Spectraflash-Woolly Bugger; Green Coastguard; Brauner Streamer; Magnus-Garnele; Aura-Garnele; Meerforellen-Muddler; Juletrae; Wolfsbarsch-Streamer (Seabass-Fly)

Foto 72 Von oben nach unten: Creme Charley; Sakura-Bonefish; Luzi; Brown Shrimp

Foto 73 Oben: Needlefish Barracuda Fly; unten: Marabou-Tarpon Fly (2 x)

Foto 74 Lösen der Fliege aus dem Maul eines Tarpon-Giganten

Foto 75 Von links nach rechts: Lefty's Deceiver; Trey Combs Sea Habit Deceiver (ancovis blue); Baitfish Sardine; Deep Candy (pearl); Trey Combs Sea Habit Bucktail (anchovis blue); Sea Habit Bucktail (Wahoo-Muster); Tuna Fly; Trey Combs Sea Habit Bucktail-Sardine Fly (30 cm); Sea Habit Bucktail (weiß-blaue Variante); Pete's Slider (green); Billfish Popper (28 cm)

Foto 76 Königsmakrele (Kingfish) mit „Baitfish"-Streamer (Bahamas)

Foto 77 Segelfisch von rund 100 Pfund (Guatemala)

Snook und Redfish

Vor allem während der Ebbe, wenn die Futterfische und Räuber nicht in-mitten der überfluteten Mangroven stehen, können z. B. Snook (*Centropo-mus undecimalis*; bis 1,40 m, ca. 25 kg) und Redfish (*Sciaenops ocellatus*) eine sehr anspruchsvolle Fischerei bieten. Ein noch wenig bekanntes Ziel für den Fang sehr großer Snook ist z. B. Brasilien. Bewährt haben sich u. a. Oberflächenmuster (z. B. „Popping Bug") oder lange, helle Streamer wie die Pollack- und Wolfsbarsch-Fliegen.

Passendes Gerät

Fischen auf Bonefish, Permit etc.
- Einhandrute der Klasse 8 (für Bonefish, Redfish etc.) und ggf. Klasse 9 (für Permit, Snook etc.) mit passender Rolle, die rund 150–200 m Backing von ca. 20 lb fassen sollte
- Salzwasser-Schwimmschnur WF-8-Floating Bonefish Taper bzw. WF 9/10 (z. B. Mastery/Scientific Anglers). Normale Schnüre sind ungeeig-net, da sie bei den hohen Temperaturen weich werden und beim Werfen „in den Ringen kleben".
- Als Vorfach glasklares Monofil, etwa rutenlang und verjüngt auf 0,28–0,30 mm, auf Permit und Snook 0,35 mm

Fischen auf Barrakuda, Crevalle Jack, Tarpon etc.
- Starke Fliegenrute der Klasse 10–12 (z. B. G. Loomis Nautikos, Sage RPLXi, Orvis PM) mit passender Rolle (z. B. Dual Mode oder Black & Silver 3, SteelFin Vario 120) für mehrere hundert Meter Micron-Backing (30 lb)
- Cortland Quick Descent 425 oder eine Teeny Line T-400 und eine Inter-mediate (z. B. WF-14-I Big Game von Orvis) zum Schleppen auf Barraku-da; ferner passende Tarpon-Schnüre (z. B. Tarpon-Floating und Tarpon-Sinking von Mastery/Scientific Anglers). Die Salzwasser- (Tarpon-) Schwimmschnur ist auch für das Fischen mit „Popping Bugs" erforderlich.
- Als Vorfach für Barrakuda usw. ein 0,50 mm-Nylon-Monofil mit einem starken Stahlvorfach als Spitze (Gesamtlänge rund zwei Meter). Das Vorfach für Tarpon setzt sich aus 0,60 mm-Nylon-Monofil (ca. 1,50 m), dem Class Tippet und als Spitze aus einem Shock Tippet (80 lb tragendes Nylon-Monofil) zusammen.

Folgende Ausrüstungsgegenstände dürfen beim Fischen auf den Flats darüber hinaus nicht vergessen werden: Polarisationsbrille, Kopfbedeckung, Sonnen-creme mit Schutzfaktor 26 bis 30, Bekleidung aus Baumwolle oder speziellen Kunstfasergeweben und Trinkwasser. Nie sollte man ohne Ersatzgerät auf eine Tagestour gehen. Für die Kamera-Objektive ist an Pol-Filter zu denken.

Bonefish- und Permit-Muster
(Foto 72, S. 143)

Eine Standard-Bonefish-Fliege über weißem Korallensand ist der cremefarbene „Crazy Charley" (Hakengröße 4, mit Kettchenaugen. Körper: Perlmutt Krystal Flash. Upside-down-Flügel: cremefarbener oder beiger Kalbschwanz, darüber perlmutt Krystal Flash). Krabbenfliegen sind „top" beim Fischen auf Permit (z. B. die „McCrab"). Sie sind aufwendig zu binden, können aber im Handel (z. B. bei Rudi Heger, s. Anhang Fachhändler-Adressen) bezogen werden.

Sakura-Bonefish
(W. Schulte)
Haken: TMC 811 S, Größe 4
Faden: Weiß
Beschwerung: Kettchenaugen
Schwanz: Vier Streifen pink Krystal Flash (4 cm), darüber auf jeder Seite je eine Jungle-Cock-Feder
Butt: Feine pinkfarbene Wolle
Körper: Perlmutt Krystal Flash
Flügel: Perlmutt Krystal Flash, darüber hellbraunes Marabou (upside down) (Variante: rosa oder weißes Marabou)
Kopf: Farbloser Lack
Eine Bonefish-Fliege, die mit dem Jungle-Cock-Auge der Tatsache Rechnung trägt, daß durchscheinende Garnelen im Wasser durch ihre dunklen Augen auffallen. Sakura (japan.) bedeutet „Kirschblüte" und weist auf den zarten, im Wasser sehr lebendigen Flügel hin. Ein Bonefish von 10 Pfund nahm auf den Flats von Jardines de la Reina (Kuba, Tortuga-Hausboot-Lodge) diese Fliege, konnte sich aber „aushaken". Etliche „Bahama-Bones" wurden auf dieses Muster gelandet.

Luzi
(W. Schulte)
Haken: TMC 811 S, Größe 4
Bindefaden: Weiß
Beschwerung: Kettchen- oder Bleiaugen
Flügel: Hellblaues Lureflash oder Flashabou, darüber weißes Haar vom Fuchsschwanz, darüber hellblaues und perlmutt Krystal Flash, darüber einige Streifen perlmutt und goldenes Flashabou. Die Materialien rundum einbinden
Kopf: Farbloser Lack
Die „Luzi" ist ein probater „Mini-Streamer", der das Fischen auf Forellen, Barsche und kapitale Fische der Flats ermöglicht. Diese Fliege wird von Permits genommen und brachte mir neben vielen anderen guten Bonefish

auch einen „Big Bone" von 9 Pfund ein. Sie ist über hellem Grund (Korallensand) fast unschlagbar.

Brown Shrimp
(W. Schulte)
Haken: TMC 811 S, Größe 4
Faden: Dunkelbraun
Beschwerung: Kettchen- oder Bleiaugen
Schwanz: Einige 4 cm lange Streifen schwarzes Krystal Flash, darüber auf jeder Seite eine kleine Jungle-Cock-Feder
Körper: Brauner Hahn (Körperhechel), braunes Antron
Flügel: Perlmutt Krystal Flash (upside down)
Kopf: Farbloser Lack
Über dunklem Grund (z. B. „turtle grass") oder im milchig-trüben „mud", wenn ein Bonefish-Schwarm an tiefen Stellen auf der Futtersuche Bodenpartikel aufgewirbelt hat, ist dies die Fliege der Wahl. An tieferen Stellen vorzugweise mit Bleiaugen zu fischen. Stellenweise auch fängig auf Snapper-Arten.

Barrakuda-Streamer, Tarpon-Muster etc.
(Foto 73, S. 144)

Needlefish Barracuda Fly
(Bindeweise: W. Schulte)
Haken: Meereshaken Gr. 4/0. Auf der Oberseite des „4/0- Kopfhakens" wird ein ca. 15 cm langes, starkes Stahlvorfach (ca. 10–20 kg Tragkraft) eingebunden. Wicklung mit Sekundenkleber sichern. In den Karabiner wird der zweite Haken eingehängt, Widerhaken andrücken.
Bindefaden: Gelb, reißfest (z. B. Kevlar-Faden)
Flügel: Gelbes oder weißes Orvis Ultra Hair, darüber grünes Orvis Ultra Hair (jeweils ca. 25 cm lang), seitlich je eine badger oder grizzly Hahnenfeder
Kopf: Mit Epoxi-Kleber sichern (z. B. UHU plus schnellfest) und damit auch die Living Eyes (ca. 1 cm Durchmesser) aufkleben
Verläßlicher Streamer auf den „Hecht des Meeres". Der Großteil meiner Barrakudas nahm dieses Muster, ferner Riesen-Hornhechte (*Tylosurus crocodilus*, bis 1,50 m), Yellow Tail Snapper und Bar Jacks (Blaurücken-Stachelmakrele). Darüber hinaus ist der „Popping Bug" (s. Kapitel „Auf ‚Bass' und Urwaldbarsche") auf Barrakuda, Crevalle Jack, Snook etc. zu empfehlen.

Marabou-Tarpon Fly
(Bindeweise: Th. Huizing)
Haken: TMC 800 S, Größe 2/0 bis 4/0
Faden: Schwarz (Variante: Orange)

Schwanz: Perlmutt Flashabou, darüber 4 bis 6 grizzly Hahnenfedern (mit den Spitzen nach außen, je 2 bis 3 auf jeder Seite)
Kragen: Schwarzes Marabou (Variante: Orange Marabou), darüber perlmutt Flashabou
Körper: Schwarzes Bodyglass (Variante: Orange Bodyglass)
Kopfknoten: Farblos lackieren

■ Auf Kingfish, Dolphin, Wahoo, Thune und Speerfische

Die Bahamas und insbesondere die Bimini-Inseln bieten eine fantastische Vielfalt für die Fischerei. Die türkisgrünen Flats liegen quasi vor der Haustür, aber wenn man will, ist man kurz nach dem Ablegen von den Docks auf dem tiefblauen Golfstrom mit rund 500 m Wasser unter dem Boot. Bei langsamer Fahrt mit der Golf-Strömung werden dort zwei Streamer rund 30 m hinter dem Boot an der Schußkopf- und an der Intermediate-Schnur geschleppt.

Immer wieder schießen kleine Fliegende Fische aus dem Wasser. Die Streamer sollten in Größe (12–14 cm) und Farbe (schimmernd-hell) diesen Fischen ähnlich sehen. Der Guide hält Ausschau nach fressenden Seevögeln, nach driftendem Tang oder nach „Müll", z. B. Holz (Baumstämmen, alten Brettern und Planken), Plastiktonnen oder Metallfässern. Denn dort finden sich immer kleine Fische ein, die sich mit dem Treibgut durch die Weltmeere driften lassen. Daher werden auch Raubfische im Umfeld dieser schwimmenden „Mini-Inseln" angetroffen. Der Erfolg blieb nicht lange aus. Raubende Kingfish/Königsmakrelen (*Scomberomorous cavalla*; im Schnitt 4–8 kg, max. über 35 kg erreichend, Foto 76, S. 144), ein Barrakuda und mächtige karibische Riesen-Hornhechte (*Tylosurus crocodilus*; max. bis 1,50 m) ließen sich nach furiosen Drills landen. Aber auch mit Dolphin (*Coryphaena hippurus*), Schwarzflossen-Thun (*Thunnus atlanticus*; meist 1–6 kg, max. über 20 kg erreichend), Spanish Mackerel (*Scomberomorous maculatus*; max. ca. 7 kg) und mit Wahoo (*Acanthocybium solanderi*) muß gerechnet werden. Wahoos sind schnelle Räuber, bringen nicht selten Gewichte von über 30 kg auf die Waage und erreichen ein Maximalgewicht von etwa 90 kg. Für das Hochseefischen auf Wahoo z. B. im November müssen die Gewässer um die Bimini-Inseln (Bahamas) zusammen mit dem Pazifik vor Baja California derzeit unter den Salzwasser-Fanggebieten als absolutes Top-Ziel geführt werden.

Sailfish, Marline und Thune

Für die US-Amerikaner liegen auf der Pazifik- wie auf der Atlantikseite die Hochsee-Fanggründe nahe der Küste. Nicht umsonst entwickelte sich hier eine ganz besondere Disziplin, das Hochsee-Fliegenfischen von hochseetüchtigen Yachten aus. Eine wichtige IGFA-Regel besagt, daß Rekordfische (Speerfisch-Arten, Thune, aber auch Wahoo, Dolphin usw.) in der Kategorie „Fliegenfischen" nur anerkannt werden, wenn sie angeworfen wurden (das Boot muß dabei im Leerlauf sein). Gelandete Rekordfische, auf die mit der Fliege geschleppt wurde, werden generell nicht anerkannt. Das Buch „Bluewater Flyfishing" von Trey Combs (1995) enthält eine Fülle weitere Praxistips und besticht durch fantastische Fotos.

Beste Bedingungen für das Hochsee-Fliegenfischen finden sich auch vor den Küsten Mittel- und Südamerikas (u. a. vor Costa Rica) und vor der Ostküste Afrikas z. B. auf Segelfisch/Sailfish (*Istiophorus platypterus*). Während der Atlantische Segelfisch im Mittel 20–25 kg und maximal rund 80 kg wiegt, ist der Pazifische Segelfisch mit im Durchschnitt 40–45 kg schwerer und erreicht ein Maximalgewicht von etwa 120 kg (Foto 77, S. 144). Großfliegen von 25–28 cm Länge mit Schwimmkopf, wie der „Billfish Popper" haben sich beim Fliegenfischen auf Segelfische und teils auch auf Marline als unverzichtbar erwiesen. Obwohl es sich um Oberflächenmuster handelt, kommen dabei sinkende Schußkopf-Schnüre oder die Deep & Down bzw. Teeny T-500 zum Einsatz. Diese Schnüre halten ein Popper-Muster im Oberflächenfilm auch dann „auf Linie", wenn ein aufsteigender Segelfisch oder Marlin Wellen produziert; die Fliege kann einfach nicht so leicht „wegtanzen" und wird sicher genommen.

Die Küsten Australiens, etwa im Nordosten am Great Barrier Reef, sind bekannte Fanggründe z. B. für den Black Marlin, der hier auch mit Großstreamern befischt wird. Der Schwarze Marlin (*Makaira indica*) ist der größte Vertreter der Speerfische und erreicht ein Maximalgewicht von über 1000 kg. Für Big Game-Fliegenfischer sind natürlich eher die unteren Gewichtsklassen dieses Riesenmarlins interessant. Darüber hinaus sind im Pazifik noch der Blaue Pazifikmarlin (*Makaira nigricans* Pac.), der Gestreifte Marlin (*Tetrapturus audax*) und der Schlanke Speerfisch (*Tetrapturus angustirostris*) vertreten. Im Atlantik und im Mittelmeer kommen z. B. der Blaue Marlin (*Makaira nigricans* Atl.), der Weiße Marlin (*Tetrapturus albidus*), der Langspeer-Marlin (*Tetrapturus pfluegeri*) und der Mittelmeer-Speerfisch (*Tetrapturus belone*) vor. Andere Marlin-Fanggründe, wie die Azoren, Madeira oder Mauritius, sind für das Hochsee-Fliegenfischen derzeit noch kaum erschlossen.

In Gewässern, die Marlinen und anderen Speerfischarten Lebensmöglichkeiten bieten, sind oftmals auch Thunfisch-Schwärme anzutreffen. Eine sehr weit verbreitete Art dieser kraftvollen „Büffel der Meere" ist der Gelbflossen-Thun oder Yellowfin Tuna (*Thunnus albacares*), auf den man im Pazifik, im Indischen Ozean und im warmen Atlantik treffen kann und der ein Gewicht von mehr als 150 kg erreicht. Aber auch kleinere

Foto 78 Frieder Binder mit einem Gelbflossen-Thun. An leichtem Gerät der Klassen 8–10 bieten diese Fische fantastische Drills.

Yellowfins (Foto 78, oben) und andere, weniger schwergewichtige Thune wie Blackfin, Little Tunny, Skipjack, Black Skipjack und Albacore verfügen über große Energie, die sie beim Drill voll in die Waagschale werfen. Zum Einsatz kommen schnellsinkende Schußkopf-Schnüre (z. B. Teeny T-400, T-500). Als Vorfachspitze dient z. B. ein monofiles 50 lb-Shock Tippet aus Nylon. Beim Fischen auf den zahnbewehrten Dogtooth Tuna (u. a. im Bismarck-Archipel vor Neuguinea) ist dagegen ein starkes Stahlvorfach unumgänglich. Erfolgreiche Thunfischmuster sind z. B. „Lefty's Deceiver", Frieder Binders „Tuna Fly", die „Sea Habit Deceiver/ Sea Habit Bucktail" (z. B. als „anchovis blue pattern", 7–10 cm lang)

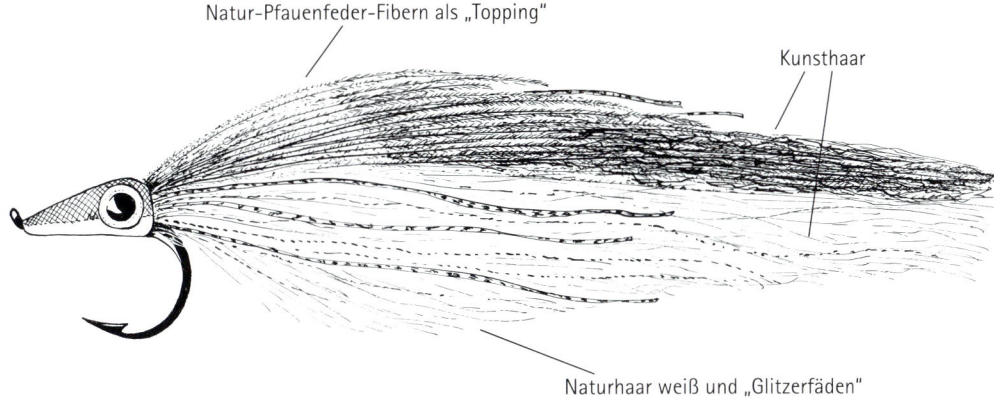

Natur-Pfauenfeder-Fibern als „Topping"

Kunsthaar

Naturhaar weiß und „Glitzerfäden"

Abb. 21 „Trey Combs' Sea Habit Bucktail-sardine pattern", gezeichnet nach einem erfolgreichen Marlin-Originalmuster (27 cm lang).

von Trey Combs (Abb. 21) sowie die Muster „Deep Candy" und Pete's Slider.

Baja California

Vor der Westküste Mexikos bietet sich allerbestes Bluewater-Flyfishing auf die oben genannten Hochseefische, das unbedingt zu empfehlen ist. Auf Marline, Thunfische etc. bestehen mit Fliegengerät derzeit fast nirgendwo bessere Chancen – wenn die Wetterverhältnisse stimmen. Tropische Stürme können die Fischerei z. B. für etliche Tage gänzlich lahmlegen. Von San Diego (Kalifornien) aus geht es mit einem größeren Schiff, das viel Komfort bietet, hinaus zu den Fanggründen vor Baja California. Vom Deck oder von kleinen Beibooten aus wird mit Gerät der Klassen 8, 10, 13 und 14/15 meist mit schnellsinkenden Schußkopf-Schnüren (z. B. Teeny T-300 bis T-500 oder Deep-Water-Express-Schnüren bis 850 grains) auf Marline, Thunfische, Wahoo und andere Arten gefischt. Dabei kommen Fliegenmuster wie die „Baitfish Sardine", die „Trey Combs' Sardine Fly" oder weiße Marlin-Streamer zum Einsatz. Die großen Raubfische werden zum Teil mit einem nachgeschleppten, hakenlosen „teaser" (Groß-Jig oder toter Fisch) und Köderfischen an die Oberfläche gelockt. Bei gegebener Wurfdistanz wird ein Hochsee-Streamer serviert. Einer der wenigen Deutschen, die in den Traumgewässern vor Baja California bislang gefischt haben, ist Karl-Heinz Henschel. Er fischte auf Dolphin und Massen von Thunfischen in kristallklarem Wasser. Vom Beiboot aus konnte er darüber hinaus einen Gestreiften Marlin mit der Fliegenrute landen (Foto 79, S. 152).

Foto 79 Karl-Heinz Henschel mit seinem soeben gelandeten Gestreiften Marlin (Rute Klasse 13, Rolle: Black & Silver Nr. 5)

Passendes Gerät

Für das Hochsee-Fliegenfischen mit leichtem Gerät der Klasse 8 und Schußkopf-Schnur eignet sich eine rückgratstarke Einhandrute von 2,75 m Länge. Auf Kingfish, Dolphin und weniger schwergewichtige Thunfische etc. sollte eine ca. 2,60 m lange Rute der Klasse 10 zum Einsatz kommen. Jeweils sind passende Rollen mit ausreichendem Fassungsvermögen (ca. 200–300 m Backing) erforderlich. Als Vorfachspitze kommt ein Shock Tippet von 12–40 lb aus hartem Nylon-Monofil zum Einsatz.

Für das Fischen auf Wahoo und Dogtooth Tuna sind Hochsee-Fliegenruten der Klasse 13 erforderlich. Passende Rollen, wie z. B. die Henschel-

Black & Silver Nr. 5 oder die Abel Big Game 4,5 sollten 400–500 m Nach-schnur (z. B. 50 lb-Micron-Backing) fassen. Als Vorfachspitze ist ein star-kes Stahlvorfach (z. B. Mason No. 6 von 58 lb Tragkraft) erforderlich.

Für Sailfish, Marlin- und größere Thunfisch-Arten ist ebenfalls starkes Gerät notwendig:

- Hochsee-Fliegenrute von 2,60–2,67 m Länge (8,6–8,9 Fuß) der Klasse 13/14 oder 14/15 (z. B. Sage RPLXi 1390-3 oder 1489-3; G. Loomis Nautikos 10813/15-3) mit passender Anti-Reverse-Rolle (z. B. Henschel Black & Silver Nr. 5) oder Direct-Drive-Rolle (z. B. SteelFin-Abyss), die ein großes „Sicherheitspolster" an Micron-Backing bzw. des superdün-nen „gel spun" Polyethylen-Backings von 50 lb Tragkraft fassen
- Als Fliegenschnüre z. B. die Teeny Line bzw. Deep & Down T-500 oder die Quick Descent 525, die Teeny Saltwater Line 550 oder 650 grains, die Deep Water Express Line bis 850 grains sowie Intermediate-Schnüre (z. B. die WF-14-I Big Game von Orvis)
- Das Vorfach setzt sich auf Marlin (Abb. 22 a, b und 23 a–g) z. B. zusam-men aus: 0,80 mm Nylon (ca. 200 cm lang), dem Class Tippet (maximal 20 lb) sowie einem 100–150 lb tragenden Shock Tippet aus „soft nylon", da sich hartes Nylon-Monofil ab 50 lb Tragkraft kaum mehr knoten läßt. Shock Tippets (aus „soft nylon") für andere Hochseearten: auf Pazifik-Segelfisch 100 lb, auf Atlantik-Segelfisch 80 lb, auf große Dolphins 60 lb. Auf Gelbflossen-Thune wird oft ein 50 lb-Shock Tippet gefischt.

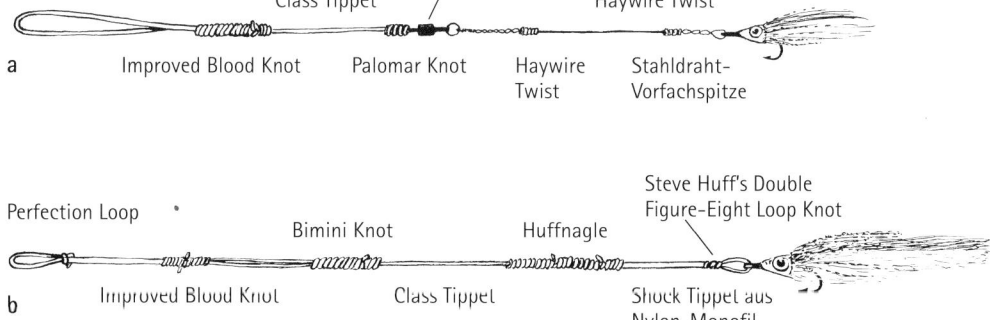

Abb. 22 a, b: Vorfachaufbau für das „bluewater"-Fliegenfischen auf Wahoo oder Dogtooth Tuna (a: mit Stahldraht-Vorfachspitze) sowie für das Fischen auf andere Thunfischarten, Segelfisch und Marline (b: mit einem Shock Tippet aus hartem Nylon-Material von 50–150 Pfund Tragkraft als Vorfachspitze)

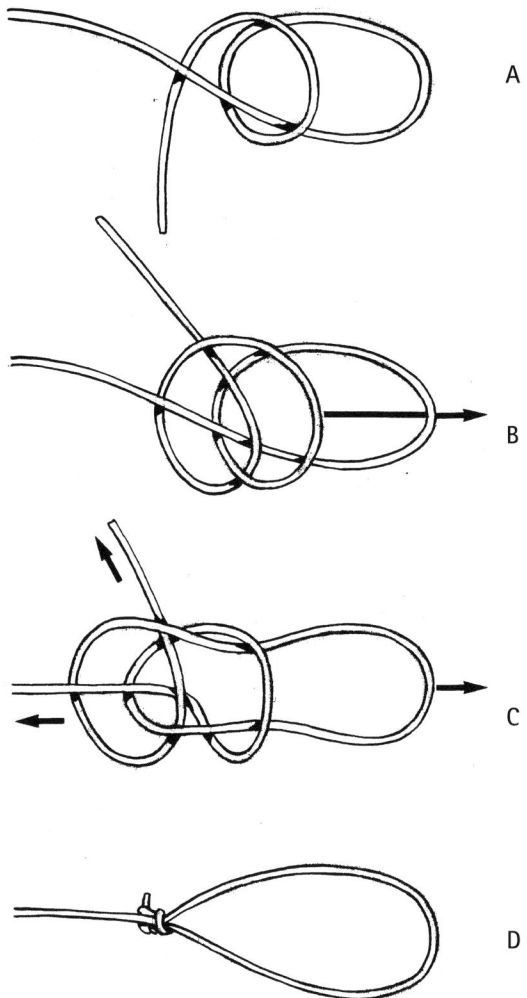

A

B

C

D

Abb. 23 a: Perfection Loop

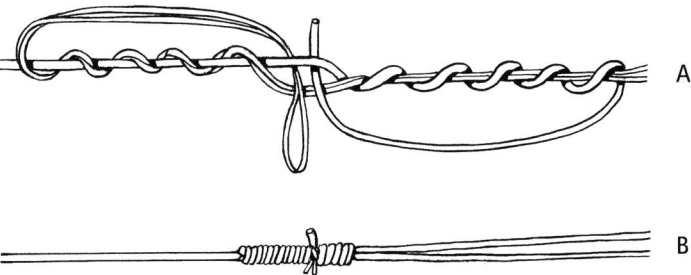

A

B

Abb. 23 b: Improved Blood Knot

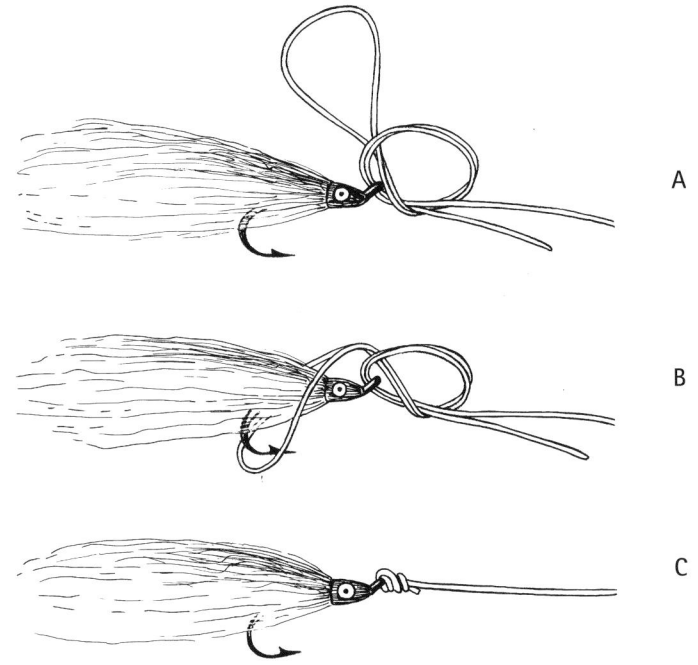

Abb. 23 c: Palomar Knot

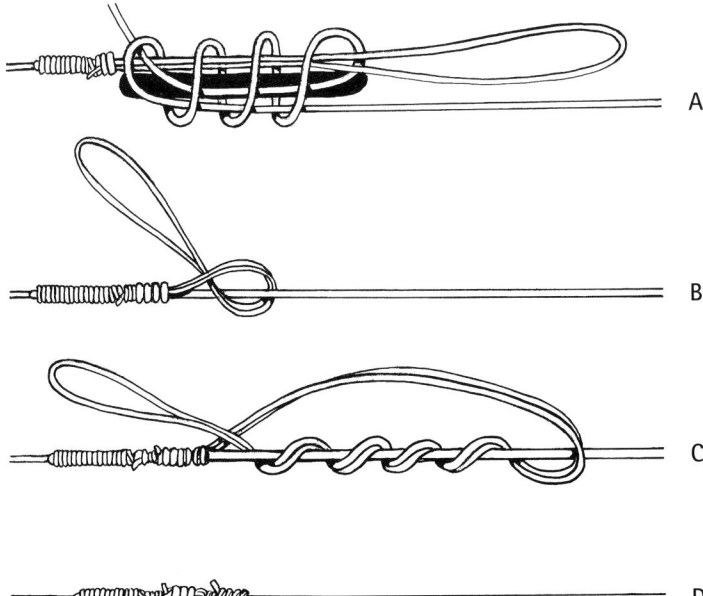

Abb. 23 d: Huffnagle

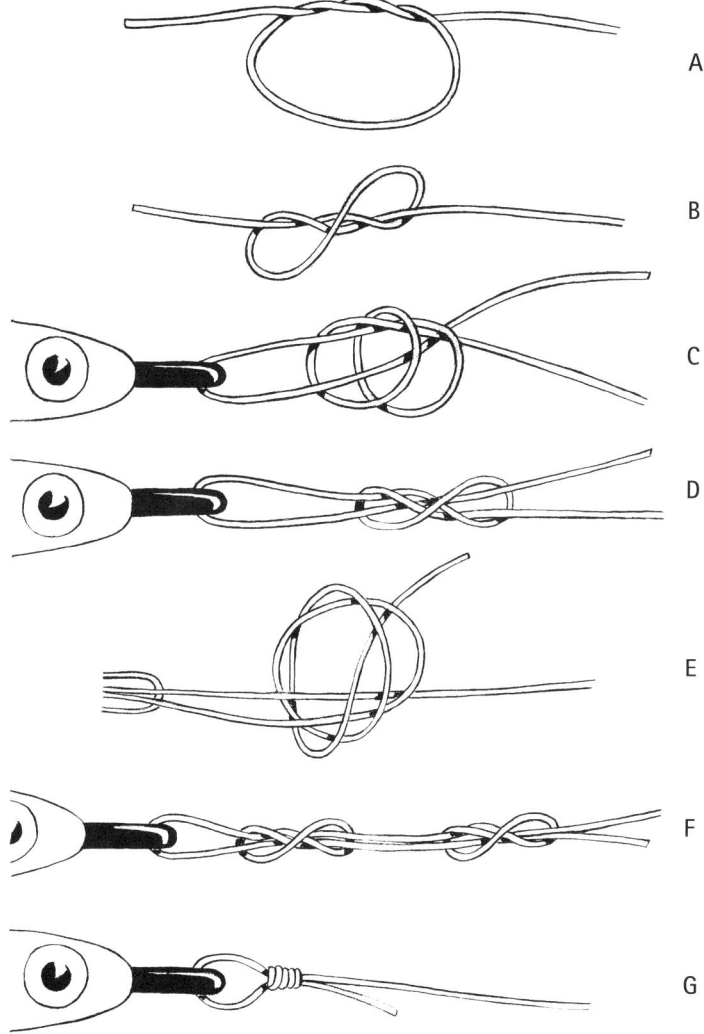

A

B

C

D

E

F

G

Abb. 23 e: Steve Huff's Double Figure-Eight Loop Knot, ein Knoten zum Anbinden von Marlin-, Segelfisch- und Thunfisch-Muster an steife Nylon-Shock Tippets

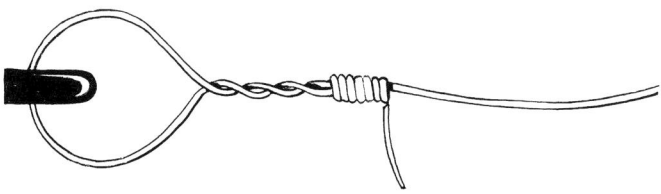

Abb. 23 f: Haywire Twist, eine Möglichkeit zum Fixieren von Wahoo-Mustern (etc.) an Stahldraht-Vorfachspitzen (vgl. COMBS, 1995)

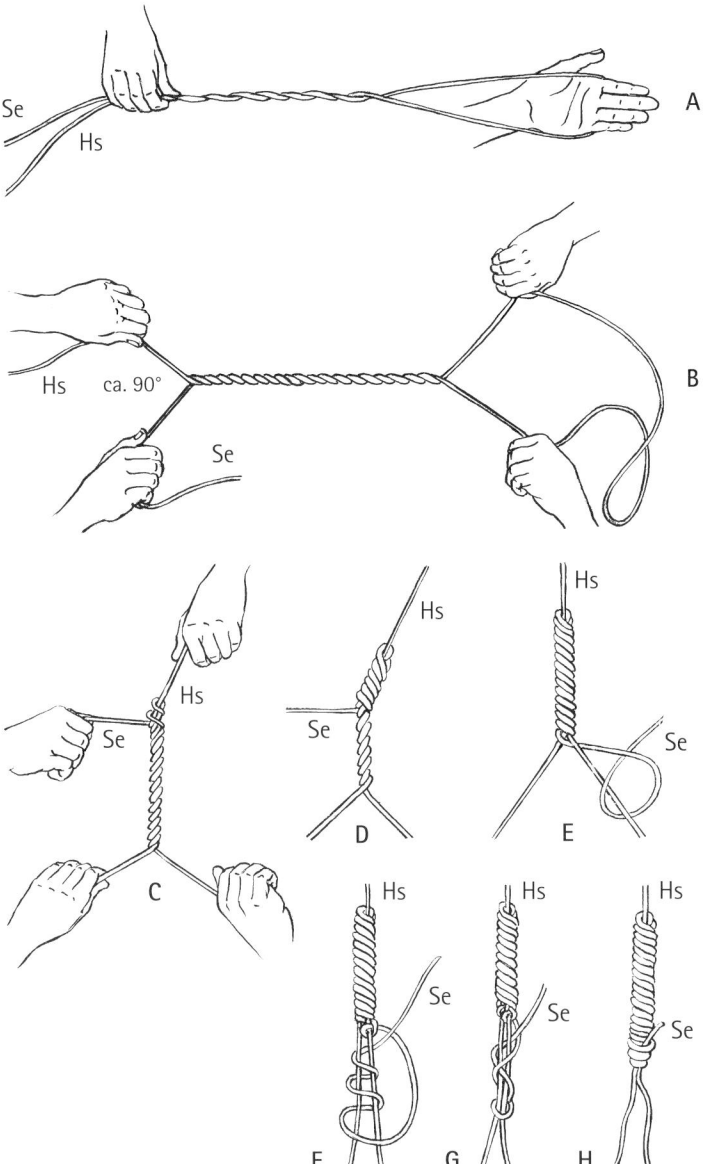

Abb. 23 g: Bimini Twist, ein komplizierter Doppelleinenknoten mit nahezu 100%iger Erhaltung der Leinentragkraft (vgl. H. FREUND, 1982), Se = Schnurende (Leinenende), Hs = Hauptschnur

Bluewater-Streamer
(Foto 75, S. 144)

Lefty's Deceiver
(Lefty Kreh; Bindeweise: F. Binder)
Haken: TMC 800 S, Größe 2/0–4/0
Faden: Rot
Flügel: Acht weiße Hahnenfedern, darüber entflochtener perlmutt Mylar-Schlauch, darüber weißes Bucktail, darüber blaues Bucktail, darüber perlmutt Flashabou, darüber Pfauen-Fibern; seitlich je eine violette/lila grizzly Hahnenfeder
Unterschwinge: Weißes Bucktail
Kopf: Epoxy Eyes (7 mm), mit Epoxi-Kleber (z. B. UHU plus schnellfest) fixieren

Tuna Fly
(F. Binder)
Haken: TMC 800 S, Größe 4/0
Faden: Blau oder Weiß
Schwanz: Weißes Marabou, darüber perlmutt Flashabou
Körper: Blaues flaches Tinsel
Flügel: Weißes Marabou, darüber silbernes Flashabou
Bart: Rotes Flashabou
Kopf: Epoxy Eyes (7 mm), mit Epoxi-Kleber (z. B. UHU plus schnellfest) fixieren
Frieder Binders Thunfisch-Fliegen haben sich z. B. auf kampfstarke Gelbflossen-Thune (Yellowfin Tunas) bewährt. Sie werden an einem 50 lb tragenden Shock Tippet gefischt.

Baitfish Sardine
(W. Schulte)
Haken: Streamerhaken Größe 6/0
Bindefaden: Weiß, reißfest
Oberschwinge: Weißes Orvis Ultra Hair, darüber olives Ultra Hair (jeweils 12–14 cm lang), darüber wenig schwarzes Ultra Hair, darüber rotes Krystal Flash, seitlich je eine grizzly-naturfarbene Hahnensattelfeder (anstelle Ultra Hair ist auch Supreme Hair oder Super Hair gut verwendbar)
Unterschwinge: Perlmutt Flashabou, perlmutt Krystal Flash
Kopf: Mit Epoxi-Kleber (z. B. UHU plus schnellfest) überziehen und Living Eyes (5–6 mm Durchmesser) aufkleben
Ein Bluewater-Streamer, der in Größe und Färbung kleine Fliegende Fische und andere Beutefische der Räuber des offenen Meeres imitiert; z. B. erfolgreich auf Kingfish, Spanish Mackerel, Dolphin, Wahoo und Thunfischarten.

Trey Combs' Sea Habit Bucktail – Sardine Fly
(T. Combs)
Haken: Meereshaken Größe 4/0–7/0 (kleinere Muster mit Haken der Größen 1–3/0)
Faden: Weiß oder Gelb, reißfest (z. B. Kevlar-Bindeseide)
Zweiter Haken: Wahlweise kann auf dem Haken ein starker Stahlvorfach-Draht mit Karabiner (zum Einhängen eines zweiten Einzelhakens) fixiert werden.
Flügel: Weißes gekräuseltes Supreme Hair (26–28 cm), darüber grünes Supreme Hair, darüber schwarzes Supreme Hair, perlmutt und pink Krystal Flash; unterseits weißes Fishhair, darüber perlmutt Flashabou und perlmutt Krystall Flash; auf beiden Seiten grünes, darüber hellgrünes Fishhair, darüber silbernes Holographic Flashabou; als Topping 20 bis 25 bronze schimmernde Pfauengras-Fibern
Kopf: Mit Epoxi-Kleber (z. B. UHU plus schnellfest) überziehen, Living Eyes (ca. 10 mm Durchmesser) aufkleben und nochmals rundum mit Epoxi-Kleber sichern

Flügel der Weiß-Blauen Variante
(T. Combs; Bindeweise: W. Schulte)
Weißes Supreme Hair, darüber hellblaues Krystal Hair und schwarzes Supreme Hair (26–28 cm lang); unterseits weißes Fishhair, darüber perlmutt Flashabou (ca. 20 cm lang); auf beiden Seiten blaues Fishhair bzw. Ziegenhaar, darüber silbernes Holographic Flashabou; als Topping schwarzes Fishhair (sonst wie oben).

Die Trey Combs-Muster haben sich z. B. im Pazifik vor Baja California auf Marlin und in den Gewässern um die Bimini-Inseln (Bahamas) z. B. auf Wahoo bewährt. Karl-Heinz Henschel konnte seinen Gestreiften Marlin auf die grün-weiße „Trey Combs' Sea Habit Bucktail – Sardine Fly" landen. Anstelle des Supreme Hair kann beim Binden der Fliege auch Orvis Ultra Hair verwendet werden.

Ein überaus erfolgreiches Muster ist ferner Trey Combs' „Sea Habit Deceiver", dessen Schwanz mit weißen Hahnenfedern gebunden wird. Vor allem die Anchovis-Blue-Variante (auch als „Sea Habit Bucktail") ist super! Diese kopflastigen Fliegen fangen nahezu jede Hochsee-Fischart, inklusive Thunfische jeder Art und Größe, Wahoo, Dolphin und pazifische Lachse. Für den Fang von Segelfischen findet oft der „Pink Squid Popper" mit rundum Ethafoam-Schwimmkörper (3 cm Durchmesser, ca. 10 cm Länge) Anwendung. Als Schwinge bindet Combs pinkfarbene Hahnenfedern und pink Krystal Flash ein.

Deep Candy und Pete's Slider
Die Meeresstreamermuster „Deep Candy/Pearl" (eigenschwer; Binder: Bob Popovic) und „Pete's Slider/Green" (schwimmend; Binder: Pete Parker) haben

sich auf zahlreiche Räuber des Meeres bewährt, darunter kleine bis mittelgroße Thune, Dolphin und Bluefish. Im Fachhandel können sie z. B. über Flyfishing Brinkhoff bezogen werden (Adresse s. Anhang).

Billfish Popper
(W. Schulte)

Haken: Zwei Meereshaken Größe ca. 6/0, z. B. Partridge CS52 Sea Prince, durch 100 lb tragendes Nylon-Monofil oder Stahlvorfachmaterial (ca. 15 cm Länge) miteinander verbinden. Dabei muß der zweite Haken/Endhaken mit der Spitze nach oben zeigen, damit er im Fischmaul sicher fassen kann.

Faden: Weiß

Das nachfolgend aufgelistete Bindematerial wird nicht auf die Haken, sondern auf ein Stück festen grünen Silikonschlauch gebunden (Aquarium-Filterschlauch, 1 cm Durchmesser, 5 cm Länge). Derartige Silikonschläuche sind im Zoofachhandel erhältlich. Das ca. 5 cm lange Schlauchstück wird auf einen passenden (Holz-)Stab aufgesteckt und mit einer Holzraspel außen bis zur Hälfte etwas aufgerauht, die andere Hälfte bleibt glatt. Wo das Schlauchstück aufgerauht ist, wird eine Grundwicklung mit dem Bindefaden ausgeführt. Die einzelnen Bindematerialien und Wicklungen sollten bei jedem Bindeschritt mit Pattex transparent (bleibt flexibel) gesichert werden.

Flügel: Weißes Bucktail (mindestens vier Haarbüschel) rundum über der Grundwicklung einbinden, darüber auf zwei Seiten je ein Büschel perlmuttrosa Flashabou, darüber 16–18 weiße Hahnenfedern/Schlappen rundum einbinden, darüber weißes Supreme Hair (bzw. Super Hair oder Ultra Hair) ca. 20 cm lang, darüber silbernes Holographic Flashabou und perlmutt Krystal Flash

Kragen: Weißes Marabou, ca. 5–6 cm lang

Ethafoam-Schwimmkopf: Das schwimmfähige Kopfstück kann mit einem scharfen Messer aus einem Ethafoam-Block leicht herausgeschnitten werden (3 cm Durchmesser, 6 cm Länge), sofern kein rundes Material zur Verfügung steht. Mit einem heißen Nagel oder Draht läßt sich das Ethafoam in der Längsachse mittig leicht durchbohren. An einer Seite muß für die Aufnahme des Flügels bzw. des Silikonschlauchendes etwas mehr Material weggeschmolzen werden. Nun Prismatic-Augen (1 cm Durchmesser) oder gleichgroße Living Eyes aufkleben und bei Bedarf mit Epoxi-Kleber o. ä. sichern. Mit aufgeschobenem Ethafoam-Kopf beträgt die Gesamtlänge dieses Popper-Musters 25–28 cm.

Popper-Muster kommen in erster Linie beim Fliegenfischen auf Speerfischarten (engl.: „billfish") wie Segelfisch und die verschiedenen Marlin-Arten zum Einsatz. Hierbei wird oft ein „teaser" (nachgeschleppter Natur- oder Kunstköder) eingesetzt. Folgt z. B. ein Segelfisch dem „teaser", so wird dieser eingekurbelt und in Bootsnähe/Wurfdistanz durch die eingeworfene und herangestrippte Popper-Fliege ersetzt. Vor allem der Segelfisch und der Schwarze Marlin akzeptieren häufig Oberflächenmuster weitaus besser als tief geführte Hochsee-Fliegen.

Danksagung

Sabine – zeitweise ebenfalls mit der Fliegenrute am Wasser – danke ich herzlich für ihr Engagement bei der Fotoauswahl und beim Korrekturlesen. Wir haben zusammen mit unseren Töchtern Sandra und Jana darüber hinaus viele gemeinsame Fischzüge und Entdeckungsreisen unternehmen können, die mit diesem Buch eng verbunden sind.

Dem Verlag, insbesondere E. Ophoven und O. Chr. Weber, gilt mein Dank für die professionelle, gute Zusammenarbeit.

Für ergänzende Informationen und für die Übersendung von Fotomaterial oder spezieller Streamermuster danken Autor und Verlag ganz besonders:

Dr. Klaus Bauer	Karl-Heinz Gumbert
Frieder und John Binder	Rudi Heger
Erik Borup	Gisela und Karl-Heinz Henschel
Erich Brinkhoff	Theo Huizing
Werner Buchhofer	Herbert Löchel
Reinhard Bukowsky	Darrel Martin
Trey Combs	Thomas Michael
Juan Delibes	Dr. David Popp
Thomas Dürkop	Taff Price
Rudy van Duijnhoven	Manfred Raguse
Bernd E. Ergert, K.-H. Zeitler	Klaus Reißig
Adrienne und Bernard Esterhuyse	Trix und Hardy Ruf
Hans Fischer	Michael von Siemens
René Flohil	Klaus Stühler
Willi Forstinger	Bernd Taller
Günter Fröhlich	Ingolf Winter
Fritz Gründl	Bernd Ziesche

Darüber hinaus standen die Chefredakteure bekannter deutscher Fachmagazine (Bernd Kuleisa und ab 1999 Michael Werner/„Fliegenfischen", Richard Lüttiken/„Blinker", Jochen Schück/„Fliegenfischer") dem Autor mit Rat und Tat zur Seite. Hierfür gilt ihnen unser herzlicher Dank.

Literatur

Ausgewählte Schriften zu Fischarten, Fliegenmustern, Technik und Taktik

BEHRENS, E. (1995): Auf Dorsch (Streamerfischen, Ostsee, Dänemark). – Der Fliegenfischer, Heft 118, 22–25.

BORUP, E. (1995): Frühjahrs-Meerforellen (Ostsee, Dänemark). – Der Fliegenfischer, Heft 117, 20–23.

BOUTERWERK, R. (1992): Traumangeln auf Königsfische. BLV-Verlagsgesellschaft, München, Wien, Zürich, 223 S.

BUKOWSKY, R. (1992): Am Fuß der Cordillere (Forellenfischen im Süden Argentiniens). – Der Fliegenfischer, Heft 103, 46–51.

COMBS, T. (1991): Steelhead Fly Fishing. Lyons & Burford Publishers, New York, 493 S.

COMBS, T. (1995): Bluewater Flyfishing. Lyons & Burford Publishers, New York, 285 S.

DOLIVET, PH. (1995): Die See-Wölfe (Wolfsbarsch-Salzwassersee, Frankreich). – Rute & Rolle, Nr. 6, 40–43.

V. DUIJNHOVEN, R. (1998): Just When You Thought It Was Safe (Blauhai auf Streamer, Irland). – Fly-Fishing & Fly-Tying, Jan./Feb., 8–9.

V. DUIJNHOVEN, R. (1999): Wolfs-Jagd.-Fliegenfischen, Nr. 5, S. 24–27; inkl. W. SCHULTE: Aktuelles von der Wolfsjagd.

EIBER, H. & SCHULTE, W. (1997): Streamern auf Hecht. Mach die Fliege. – Fisch & Fang, Nr. 6, 6–11.

FALKUS, H. (1983): Sea Trout Fishing. 2. Aufl., London, 448 S.

FREUND, H. (1982): Sportlicher Großfischfang. P. Parey Verlag, Hamburg, Berlin, 141 S.

FRÖHLICH, G. & JOHANSSON, J. (1989): Fliegenfischen. In: CEDERBERG, G. (Hrsg.): Das große Buch vom Sportfischen. A. Müller Verlag, Rüschlikon-Zürich, Stuttgart, Wien, 174–231.

GRÜNDL, F. (1990): Sheefish (Alaska). – Der Fliegenfischer, Heft 89, 14–19.

HENSCHEL, K.-H. (1996/97): Wenn du einen Fehler machst (Thun, Dorado, Marlin, Mexiko). – Der Fliegenfischer, Heft 125, 26–28.

KREH, L. (o. J.): Salt Water Fly Patterns. Maral Inc., Fullerton, USA, 69 S.

KULEISA, B. (1990): Grilse mit Garantie (Streamerfischen auf Atlantiklachs am Årgard, Norwegen). – Fliegenfischen, Nr. 5, 38–41.

MARTIN, D. (1995): Tyger! Tyger! Burning Bright (Tigerfisch, Sambia). – Fly Rod & Reel, Nov./Dec., 36–39.

MICHAEL, TH. (1996): Liebe auf den ersten Biß (Payara, Südamerika). – Fliegenfischen, Nr. 6, 44–45.

MÜCKE, M. (1997): Der Poltergeist (Rapfen). – Fliegenfischen, Nr. 4, 26–29.

NERUDA, P. (1997): Natur pur! Auf Taimen in der Mongolei. – ... mit der Fliege, Nr. 2, Panna Verlag, Allersberg, 20–25.

OTTERMANN, B. (1997): Doradissimo (Dorado, Argentinien). – Der Fliegenfischer, Heft 129, 26–28.

O'REILLY, P. (1995): Trout & Salmon Flies of Ireland. Merlin Unwin Books, Ludlow, 163 S.

POPP, D. & DEBON, R. (1994): Neckar-Mix (Döbel, Barben, Rapfen). – Der Fliegenfischer, Heft 113, 46–50.

PRICE, T. (1994): Fly Patterns. An International Guide. Ward Lock, London, 192 S.

PRICE, T. (1995): A Tryst With The Tiger (Tigerfisch, Sambia). – Fly-Fishing & Fly-Tying, Nov./Dec., 34–37.

RAGUSE, M. & HELLER, H.-W. (1980): Das Fischen auf Lachs. Die Frühjahrsfischerei (1. und 2. Teil). – Der Fliegenfischer, Heft 33, 22–23 (Heft 34, 20–23).

REYNOLDS, B. & BERRYMAN, J. (1993): Pike on the Fly. The Flyfishing Guide to Northerns, Tigers and Muskies. Johnson Print. Comp., Boulder, USA, 166 S.

ROGERS, N. & ROGERS, L. (1994): Saltwater Fly Fishing Magic (englischsprachiger Bildband speziell für Salzwasser-Fliegenfischer). 156 S.

SCHULTE, W. (1995): Piranhas. 3. Auflage, Landbuch Verlag, Hannover, 119 S.

SCHULTE, W. (1996): Yukon-Auslese (Die wichtigsten Yukon-Fliegen/Streamer-Muster). – Der Fliegenfischer, Heft 122, 42–44.

SCHULTE, W. (1999): Bluewater-Fliegenfischen. Neue Dimensionen. – Fliegenfischen, Nr. 2, 26–32.

SCHULTE, W. & EIBER, H. (1997): Fliegenfischen in aller Welt. BLV-Verlagsgesellschaft, München, 208 S.

SCHULTE, W. & REIBIG, K. (1998): Komm mit ins Märchenland (die Hörsel). – Fliegenfischen, Nr. 6, 48–51.

STÜHLER, K. (1991): Black & Purple. – Der Fliegenfischer, Heft 93, 39–41.

STÜHLER, K. (1996/97): Pink Pollywog. – Der Fliegenfischer, Heft 125, 38–39.

TALLER, B. (1997): Ein See für jede Jahreszeit (Walchensee). – Fliegenfischen, Nr. 3, 44–45.

WEEHLER, A. (1978): Key to the Fishes of Northern Europe. F. Warne Publ., London, 380 S.

WERNER, M. (1996): Die Gärten der Königin (Kuba). – Blinker, Nr. 12, 14–19.

ZIESCHE, B. (1997): Heiße Küste (Streamerfischen auf große Meerforellen, Ostsee, Südschweden). – Der Fliegenfischer, Heft 126, 26–28.

Bildnachweis

Foto 1: KARL-H. ZEITLER, München
Fotos 4, 78: GISELA HENSCHEL, Nürtingen
Foto 5: TREY COMBS, USA – Port Townsend
Foto 8: TAFF PRICE, GB - Sidcup/Kent
Fotos 10, 69: RUDY VAN DUIJNHOVEN, NL - Groesbeek
Foto 20: GÜNTER FRÖHLICH, Manderscheid
Foto 22: DR. DAVID POPP, Ludwigshafen
Fotos 24, 79: FRIEDER U. JOHN BINDER, Frankfurt/M.
Foto 25: JUAN DELIBES, E - Madrid
Fotos 28, 30: REINHARD BUKOWSKY, A - Wien
Fotos 31, 32: THOMAS DÜRKOP, Rheda-Wiedenbrück
Foto 34: BERND TALLER, Karlsruhe
Foto 38: MANFRED RAGUSE, Hamburg
Foto 42: INGOLF WINTER, Heusweiler
Fotos 44, 49: HARDY RUF, CDN - Haines Junction/Yukon
Foto 45: FRITZ GRÜNDL, München
Foto 54: RUDI HEGER, Siegsdorf
Foto 55: WILLI FORSTINGER, A - Schärding
Foto 56: MICHAEL VON SIEMENS, München
Foto 57: ERICH BRINKHOFF, Möhnesee-Delecke
Foto 58: FRIEDER BINDER, Frankfurt/M
Fotos 61, 65: ADRIENNE ESTERHUYSE, Z - Lusaka
Foto 62: BRENO PERILLO, BR - Belo Horizonte
Foto 63: BERND ZIESCHE, Glückstadt
Foto 64: DARREL MARTIN, USA
Foto 67: RAÚL MIRANDAS, USA - Bimini/Bahamas
Foto 74: NEAL ROGERS, USA – Florida
Foto 77: THEO HUIZING, NL - Groningen
Zeichnungen: RENATE ISRAEL, Berlin
Alle anderen Fotos stammen aus dem Besitz des Autors.

Anhang

Ausgewählte Adressen in Zielgebieten für Streamerfischer

Argentinien/Esteros del Ibera, Rio Corriente, Rio Paraná

Fischen auf Dorado, Piranhas etc.
International Flyfishers Club, c/o Manfred Raguse, Robert-Blum-Str. 5 b, D-22453 Hamburg, Tel. 040-5892302, Fax 040-5892304

Argentinien/Feuerland

Fischen auf Meerforellen etc.
International Flyfishers Club (Adresse wie oben), Tel. 040-5892302, Fax 040-5892304

Bahamas

Fischarten der Flats, Hochsee-Fliegenfischen
Bahamas Tourist Office, Leipziger Str. 67 d, D - 60487 Frankfurt/M., Tel. 069-9708340, Fax 069-97083434

Acklins Island, Fischen auf Bonefish, Permit, Barrakuda etc.:
SteelFin c/o Thomas Michael, Heissener Str. 53, D - 45468 Mülheim/Ruhr, Tel. 0208-4593614, Fax 0208-4593621 und STS-Outdoor Fishing Worldwide, c/o Robert Rainer, Zum Weißen Rain 2, D-63571 Gelnhausen, Tel. 06051-66039, Fax 06051-66039, E-Mail: STS Fishing@t-online.de

Bimini Big Game Fishing Club and Hotel, 6619 South Dixie Hwy, Suite 337, USA - Miami, FL 33143-7919, Tel. (Bimini) (001)-242-347 3391, Fax (001)-242-347 3392

Peacy & Plenty Hotels, P.O. Box 29055, USA - George Town, Exuma, Bahamas, Tel. (001)-242-336 2250, Fax (001)-242-336 2253

Belize

Adressen s. „Fachhandel für Streamer-Bindematerial, Fischereiartikel", S. 170

Brasilien

Fischen auf Snook etc. im Rio Caraiva
Pousada Lagoa, Dante Coacci, Caixa Postal 116, BR - Eunapolis - Bahia
45825-000, Tel. (0055)-73 868 1142

Dänemark

Fischen auf Meerforellen, Dorsch, Hornhecht, Meerforellen-Kurse
Erik Borup, Östervangen 14, DK - 5580 Nörre Aaby, Tel. (0045)-64-423812

Deutschland

Fränkische Schweiz/Bayern
(Streamerfischen auf Forellen in der Wiesent, beste Zeit März/April)
Gasthof Sonne, Tel. 09202-818; Gasthof Pulvermühle, Tel. 09202-1044;
Hammermühle, Tel. 09202-252 bzw. Verkehrsamt Waischenfeld, Tel.
09202-1548, Fax 09202-1571

Rheinland-Pfalz
(Streamerfischen in der Ahr)
Gaststrecke in Rech, Pension Marita, Herr Kramp, Rotweinstr. 30, D - 53506
Rech, Tel./Fax 02643-8513; Gaststrecke in Dernau, Herr Fisang, Tel.
02643-1588; Gaststrecke Altenahr, Verkehrsamt, Altenburger Str. (früherer
Bahnhof), D - 53505 Altenahr, Tel. 02643-8448

Thüringen
(Streamerfischen auf Forellen in der Hörsel, Emse, Werra usw., stehende
Gewässer mit Forellen u. Hecht)
Verkehrsamt Emsetal, Am Wallgraben 1, D - 99891 Winterstein, Tel./Fax
036259-51160; Verkehrsamt Wutha-Farnroda, Tel. 036921-91037; Pension
Zapfengrund, Wutha-Farnroda, Tel. 036921-92034 oder 96404

Frankreich

Wolfsbarsch- und Seebrassenfischen
Les Viviers du Gois, Les Gaureliers, F - 85230 Beauvoir/Mer, Tel. (0033)-2-
51498180, Fax (0033)-2-51680262 (Reservierungen und weitere Informationen auf Französisch oder Englisch; der Wolfsbarschsee liegt etwa 60 km
südwestlich von Nantes)

Irland

Fliegenfischerzentrum u. -kurse in Bundoran-Kinlough
(Fischen auf Hecht, Meerforelle, Lachs, „Brown Trout" etc. mit Klaus Bauer)
Kingfisher Reisen, Herbert Löchel, Casinostr. 48-54, D - 56068 Koblenz,
Tel. 0261-915540, Fax 0261-9155420

Großhecht mit dem Streamer, „Brown Trout" - Lough Mask
Bed & Breakfast und Knights Cottage (direkt am Lough Mask), Boote, Guiding etc., Maura & Tom Staunton, Shanvallyard, IRL - Tourmakeady, Co.
Mayo, Tel./Fax (00353)-92-44163, Auskunft in D: Tel. 0228-340446

Blauhai-Streamerfischen
John Brittain's Blue Water Fishing, Sharamore House, Streamstown, IRL -
Clifden, Co. Galway, Tel. (00353)-95-21073, Fax (00353)-95-21678

The Western Regional Fisheries Board, The Weir Lodge, Earl's Island, IRL -
Galway, Tel. (00353)-91-56118, Fax (00353)-91-566335

Jemen

Fischen auf Thune, Sailfish, Dolphin etc.
Adree's Angelreisen, Quellenweg 7, D-65527 Niederhausen, Tel. 06127-
8011, Fax 06127-7678

Kanada/Yukon, Nova Scotia etc.

Fischen auf Namaycush-Saibling, Hecht, Königslachs, Rotlachs, Coho, Dolly
Varden, Wilde Regenbogenforellen, ferner Atlantiklachs etc.

Kingfisher Reisen, Herbert Löchel, Casinostr. 48-54, D - 56068 Koblenz,
Tel. 0261-915540, Fax 0261-9155420

Dalton Trail Lodge, Trix und Hardy Ruf, P. O. Box 5331, CDN - Haines Junction, Yukon YoB 1LO, Tel./Fax (001)-403-667 1099

Margaree Lodge, Gudrun und Werner Buchhofer, P.O. Box 550, CDN-Margaree Forks, Nova Scotia BOE 2AO, Tel. (001)-902-248 2193, Fax (001)-902-
248 2170, E-Mail: margareelodge@auracom.com, Internet http://www.
margareelodge.com

Kuba/Korallenarchipel „Die Gärten der Königin"

Fischen auf Bonefish, Barrakuda, Tarpon, Crevalle Jack etc.
(beste Zeit: Februar)
Tropical Fly Fishing, Theo Huizing, N. Barneykade 2, NL-9746 AT Groningen, Tel./Fax (0031)-50-5778111, Email: tropical@ForFree.art; http://members.xxom.com/tropFlyFish

Tortuga Hausboot-Lodge, Franco Fumolo u. Pepe Omegna/Presstour, Via Santuario 4, I - 28055 Ghiffa, Italien, Tel. (00390)-323-59275, Fax (00390)-2-714447 (Büro Mailand) oder (00390)-11-2205 421

Malediven

Salzwasser-Fliegenfischen auf Thunfischarten etc.
Fremdenverkehrsamt der Malediven, Münchener Str. 48, D-60329 Frankfurt/M., Tel. 069-2740440, Fax 069-27404422

Mexiko/Baja California

Hochsee-Meeresfischen auf Dolphin, Wahoo, Marline, Thune
Trey Combs' Long Range Fly Fishing Adventures, 218 Polk Street #209, USA-Port Townsend, WA 98368, Tel./Fax (001)-360-385 2530

Fischen auf Thune, Dolphin, Sailfish etc.
Rancho Leonero, Box 7, Buena Vista, B.C.S., Mexiko CP 23501, Internet: www.rancholeonero.com

Mongolei

Fischen auf Taimen, Lenok etc.
Ingol-Reisen, 2 Kvetna 2385, CZ-76001 Zlin, Tel. (00420)-67-721-1457, Fax (00420)-67-81315; Informationen auch über Ing. Pavel Neruda, Mysilvni 8, CZ-62300 Brünn, Tel. (00420)-5-383977, Fax (00420)-5-41210085

Mittelamerika, Südamerika, Südsee etc.

Fischen auf Salzwasser-Fischarten (Flats und Hochsee-Fliegenfischen)
Tropical Fly Fishing, Theo Huizing (Adresse siehe oben unter „Kuba")

Neuseeland

Thomas Dürkop Full Service Flyfishing, Adresse s. „Fachhandel für Streamer-Bindematerial, Fischereiartikel", S. 170

Norwegen/Gaula

Fischen auf Großlachs
(Juni-August)
September bis Mai: Norwegian Flyfishers Club c/o Manfred Raguse, Robert-Blum-Str. 5 b, D - 22453 Hamburg, Tel. 040-589 2302, Fax 040-589 2304
Juni bis August: M. Raguse, Oppstu Gard, N - 7090 Stören, Tel. (0047)-94 72 98 43, Fax (0047)-72 43 11 01

Österreich

Fischen auf Forellen, Hecht und Barsch

Gmundner Traun (Strecke 13,5 km): Rudi Heger GmbH, Hauptstr. 4, D-83313 Siegsdorf, Tel. 08662-7079, Fax 08662-2711

Fischen auf Huchen etc.

(Lizenzen sind im Regelfall sehr beschränkt, Reservierung und Guide erforderlich)

Antiesen/Oberösterreich. Romantik Hotel Forstingers Wirtshaus, W. Forstinger, Unterer Stadtplatz 3, A - 4780 Schärding am Inn, Tel. (0043)-7712-2302, Fax (0043)-7712-23023

Enns/Oberösterreich. Angelsportverein Steyr, A. Schmid, Tel. (0043)-663-074055; Gasthof H. Kaltenbrunner, A - 4464 Kleinreifling 161, Tel./Fax (0043)-7357-212

Rußland/Kola-Halbinsel

Fischen auf Lachs im Ranga, Umba, Ponoi etc.

International Flyfishers' Club, c/o Manfred Raguse, Robert-Blum-Str. 5b, D - 22453 Hamburg, Tel. 040-589 2302, Fax 040-589 2304

Sambia/Sambesi

Fischen auf Tigerfisch und afrikanische Barscharten

Tiger Fishing Tours, Adrienne und Bernard Esterhuyse, P.O. Box 31730, Z - Lusaka, Tel./Fax (00260)-1-262810

Schottland

Finlayson Hughes/Sporting Department, Robert C. Rattray, Lynedoch House, Barossa Place, GB - Perth PH1 5EP, Tel. (0044)-1738-451600, Fax (0044)-1738-451900

Surinam

Fischen auf Urwaldbarsche u. Piranhas im Brokopondo-Stausee

P.A.C. Voyages, Marcel Roncari/Emmanuelle Fusil, 6 rue du Four Neuf, F - 83670 Barjols, Tel. (0033)-4-94772464, Fax (0033)-4-94772463 oder Tel. (0033)-4-89700328; Auskunft in D: Jean-Marie Gregoire, Lahsbachstr. 6, D - 53937 Schleiden-Morsbach, Tel. 02444-2804

USA

Hochsee-Meeresfischen auf Bluefish etc.
Off-Shore Sports Fishing mit der „Sea Raven", Capt. Roy A. Rapp, 29 E.
11th Street, USA - Barnegat Light, NJ 08006 oder 29 Partridge La., USA -
Cherry Hill, NJ 08003, Fax (001)-609-428 5544

Venezuela

Fischen auf Payara, Pfauenbarsche
SteelFin c/o Thomas Michael, Tel. 0208-4593614, Fax 0208-4593621 sowie
Frieder Binder, Böhmerstr. 13, D - 60322 Frankfurt/M.

Fachhandel für Streamer-Bindematerial, Fischereiartikel

Jeweils mit Reiseveranstaltung, Katalog

Flyfishing Brinkhoff, Zentrale: Auf der Liet 1, D - 59519 Möhnesee-Delecke,
Tel. 02924-637, Fax 02924-332

Thomas Dürkop Full Service Flyfishing, Bahnhofstr. 9, D - 33378 Rheda-
Wiedenbrück, Tel. 05242-47363, Fax 05242-48940

Rudi Heger GmbH, Hauptstr. 4, D - 83313 Siegsdorf, Tel. 08662-7079, Fax
08662-2711

Firma HiKi, Klamm-Mühle, A – 4210 Gallneukirchen, Tel. (0043)-7235-
668800, Fax (0043)-7235-668808

Fly Fishing Exclusive Shop Roman u. Stefan Moser, Kuferzeile 23, A - 4810
Gmunden, Tel. (0043)-7612-65686, Fax (0043)-7612-65633

HRH Fishing Hebeisen, Schaffhauserstr. 514, Postfach, CH - 8052 Zürich,
Tel. (0041)-1-3012221, Fax (0041)-1-3020638

Spezielles für Streamerfischer

Polarisationsbrillen mit geschliffenen Gläsern

Optik Hubert Schmidt, Frankfurter Str. 67, D-53773 Hennef, Tel. 02242-
7925, Fax 02242-84324, E-Mail: optik.h.schmidt@euronet-server.com
(Pol-Brille auf Wunsch auch mit zuklappbarem Nahbereich lieferbar)

Salzwasser-Spezialfliegen

Wenn Sie sich über die im Buch vorgestellten Fliegenmuster hinaus mit Salzwasser- bzw. Bluewater-Streamern eindecken wollen und Ihr Fachhändler passen muß, dann können Sie sich direkt wenden an: Stenzel Flyreels, Güterstr. 26, D-75177 Pforzheim, Tel. 07231-357026, Fax 07231-105331, Internet http://www.stenzel-flyreels.com

Bindekurse für Salzwasserfliegen etc.

Spezielle Bindekurse für Salzwasser- bzw. Hochseefliegen, spezielle Bindematerialien etc. z.B. bei Angel-Bär c/o Jörg Kraft, Braubachstr. 7, D-60311 Frankfurt/M., Tel./Fax 069-283785

Wenn das Gerät einmal „streikt"...

Platzsparendes und leichtgewichtiges (Ersatz-)Gerät für das Tagesgepäck (z.B. Exori Traveller Fly-Rute, Hardy Deluxe Classic Smuggler, DAM-Black Panther Tele Fly, at-Rolle) bei Dr. Erik Massing, Tel. 0511-8386881, Fax 0511-835736

IGFA

Wer einen Rekordfisch melden möchte, sollte sich rechtzeitig über die erforderliche Vorfach-Zusammensetzung bzw. über die Vorgaben der International Game Fishing Association (IGFA) informieren: IGFA, 1301, East Atlantic Blvd., USA - Pompano Beach, FL 33060, Tel. (001)-954-941 3474, Fax (001)-954-941 5868

Internet

Wer im Internet detaillierte Reiseberichte und andere Beiträge aus der Welt des Angelns und Fliegenfischens gewissermaßen im „Surfgang" durchstöbern möchte, findet Infos z.B. unter http://www.fischernetz.com

Museum

Deutsches Jagd- u. Fischereimuseum München, Neuhauser Str. 2, D - 80331 München, Tel. 089-220522, Fax 089-2904037 (täglich von 9.30 bis 17.00 Uhr, Mo. u. Do. von 9.30 bis 21.00 Uhr – sehr empfehlenswert!)

Register

Halbfette Seitenzahlen weisen auf Textstellen hin, an denen das Stichwort ausführlich behandelt wird. Die kursiv gedruckten Zahlen verweisen auf Abbildungen und Fotos.

Acanthocybium solanderi 148
Acklins Island **140**, 165
Äsche, Arktische **96 ff.**, *107*
Afrika 120, **121 f.**, 149
Aishihik Lake 97, 101, *107*
Alaska 71, 86, 91 f., **102 ff.**
Alaskabou *89*, 91 f., **95**
Albula vulpes 140
Alpen **77**, 109 f.
Amazonas **61 f.**, 115
Amerikanischer Saibling **97**
Antiesen 109, 169
Anti-Reverse-Rolle **25**, *33*
Årgard **82 f.**
Argentinien 71, **74 ff.**, 115, 165
Arktische Äsche **96 ff.**, *107*
Atlantiklachs *33*, **80 ff.**
Atlantischer Segelfisch 149
Aura-Garnele 129, **133**, *143*
Ausrüstung **28 ff.**
Australien 149

Babine River 102
Bachforelle **67 f.**, *70*, **71 f.**
Backing **25 f.**
Bahamas 138, **140**, 142, 148, 165
Baitfish Sardine *144*, 151, **158**
Baja California 148, **151**, 168
Baker Buster *89*, 92, **96**
Barbe 54
Barrakuda *33*, *34*, **138 ff.**, *139*, 148
Barrakuda-Streamer 147
Barschgriff *34*, **36**
Bass **59 ff.**, *70*
Bass-Popper **63**, *70*
Belize 142, 166
Belly Boat **30**, *34*, 60, 128
Belone belone 128
Bigge-Talsperre 77
Billfish Popper *144*, 149, **160**
Bimini Twist *157*
Biminis **140 f.**, 148, 165
Bindekurse 171
Bindematerial **170 f.**
Black & Silver Tube **84 f.**, *88*
Black Bunny-Streamer **64**, *70*

Black Luzi *70*, **73**
Black Marabou-Steelhead Fly **106**, *108*
Black Woolly Bugger **63**, *70*, 76
Blauer Marlin 149
Blauer Pazifikmarlin 149
Blauhai **135 ff.**, *143*
Blauhai-Streamer 136, **138**, *143*
Blaurücken-Stachelmakrele 147
Blue Pekay 128, **130**, *143*
Bluewater-Streamer **158 ff.**, 170
Boga-Salmler 116
Bonefish **138 ff.**, *139*
Bonefish-Muster **146 f.**
Brachymystax lenok 110
Brasilien 61, 115, 145, 166
Brauner Streamer 128, **131 f.**, *143*
Brown Shrimp *143*, **147**
Buckellachs **86 ff.**, *89*
Bucktail **12 ff.**, *14*
Bucktail-Zander-Streamer 46, 48, *52*
Bunny Bug *15*, 19, 39, 41, *43 f.*, *51*, 62, 97, 110 f.
Bunny-Großforellen-Streamer *70*, **73**
Bunny Leech **79**, *87*
Bunny-Streamer **14 f.**, 77
Butterfly Pavon **61**, *69*

Caranx hippos 142
Centropomus undecimalis 145
Chile 71, 74, 76
Chimehuin negra 76, **78 f.**, *87*
Chinook 92
Chirurgen-Knoten **27**, *28*
Christbaum-Fliege 128, **132**, *143*
Cichla nigrolineatus 61
– *ocellaris* 61
– *temensis* 61
Class Tippet *153*
Clinch-Knoten **27**, *28*
Clouser's Deep Minnow **137**, *143*

Coho *33*, **89**, 92
Coryphaena hippurus 148
Crazy Charley 146
Creme Charley *143*
Crevalle Jack **142**

Dänemark 127, 129, **133**, 166
Deceiver-Fliege 64
Deep Candy *144*, 151, **159 f.**
Deutsches Jagd- und Fischereimuseum 171
Dezadeash Lake **40 f.**
Dicentrarchus labrax 129
Direct-Drive-Rolle **24**, *33*
Döbel **54 f.**
Dogtooth Tuna 150
Dolly Varden **98**, *107*
Dolphin 140, **148**, 151
Dorado **114 ff.**, *126*
Dorado-Streamer 119, *125*
Dorsch **128 f.**, *133*, 135
Double Figure-Eight Loop Knot **156**
Dual-Mode-Rolle **25**, *33*

Ebro-Stausee Mequinenza **59 f.**
Eel Sprat **81 f.**
Egg Sucking Leech *89*, 92, **95**
Einhandruten **22 f.**
El Don's Twisted Coho **104**, *108*, **109**
End-Schlaufen *27*
Esox lucius 42
Esteros del Ibera **115 f.**, *117*, 165
Europäischer Wels **112**, *125*
Exumas **140**, 165

Fachhandel 170
Ferox Trout 76
Feuerland 71, **74 ff.**, 165
Feuerland-Black Woolly Bugger 76, **78**, *87*
Feuerland-Streamer **78 f.**
Fischen ohne Widerhaken **19**, 56
Fischereiartikel 170
Flash Eel 83
Flashabou-Bucktail **57**, *69*

Flashabou-Streamer *108*, 110, **113**
Flats **138 ff.**, 148, 165, 168
Fliegen-Bindeset **38**
Fliegenrollen **24**
Fliegenschnüre **26 f.**
Fliegenweste **29 f.**, *34*
Flußbarsch **48 ff.**, *52*
Forelle **67 ff.**, 76
Forellenbarsch **59 ff.**
Fotoausrüstung **37**
Foxee Dace 137, *143*
Frankreich 129, 166

Gaula **83 f.**, 168
Gaula-Großlachse 83, *88*
Gebirgssee-Dolly Varden **98**, *107*
Gelber Bunny Bug **64**, *70*
Gelber Marabou-Streamer **50**, *52*
Gelbflossen-Thun 149, *150*
Gepäck **36 ff.**
Gerätewahl **21 ff.**
Gestreifter Marlin *33*, 149, *152*
Green Coastguard 128, **131**, *143*
Green Tigerfisch Fly **123**
Grilse **81 ff.**, *88*
Grizzly Bunny Bug **100 f.**, *107*
Großaugen-Stachelmakrele 142
Großforellen 68, **71**
Großhechte 40, *51*
Großlachse 83, *88*

Hand tailing *35*
Hardy Special *89*, 91 f., **95**
Haywire Twist *156*
Hecht **39 ff.**, *51*, 112
Hering 129
Hochsee-Fliegenfischen **149**, 165, 168
Hörsel 67 f., *166*
Homer Rhode Loop Knot 27, *28*
Hornhecht **127 f.**
Hornhecht-Streamer **130 ff.**
Huchen *108*, **109 f.**
Huchen, Sibirischer *108*, 111
Huchen-Streamer **113 f.**
Hucho hucho 109, 110
– *taimen* 110
Huffnagle *155*
Hundslachs 91

Hydrocynus vittatus 120
Hydrolycus pectoralis 117

IGFA 18, 23, 122, 149, 171
Improved Blood Knot *154*
Inconnu 103
Intermediate-Schnüre 26
International Game Fishing Association 18, 23, 122, 149, 171
Internet 171
Irland 39 f., 45, **81 f.**, 128, 134 f., 167
Istiophorus platypterus 149

Jardines de la Reina 142, 167
Jig-Fliegen 135, 138
Juletrae **132**, *143*

Kanada 40, 45, 71, 84, 102, 135, 167
Karibik 140, 142
Kescher **31**
Ketalachs 91
Kiemengriff **35**
King **92 f.**
Kingfish 140, *144*, **148**
Kirschen-Lachs 86
Kispiox River 102
Kleiner Eel Sprat **85**, *88*
Knoten *27*, *28*
Knurrhahn 135
Kobuk River 103
Köhler 129, **134 f.**
Königslachs 90, **92 f.**
Königsmakrele *144*, **148**
Kolumbien 61, 115
Krabbenfliegen 146
Krystal Bugger *52*, **53**
Kuba 142, 167

La Gomera 61
Lachs **80 ff.**, *88*, 128, 133
Lachsmuster **84 ff.**
Lago Fagnano 71
Lago Huechulafquen 78
Lake Trout **97**, *107*
Landen von Fischen **31 ff.**
Langspeer-Marlin 149
Largemouth-Bass 59 f.
Lefty's Deceiver *144*, 150, **158**
Lemon Shark 142
Lenok 110 f.
Leuciscus cephalus 55
Limba 110 f.
Lippfisch 135

Lough Mask 40, 167
Lough Melvin 81
Luzi 19, 67 f., *70*, **72**, 97, *143*, **146 f.**
Luzi-Hecht-Streamer 41, **44 f.**, *51*

Magnus-Garnelenfliege 128, **132**, *143*
Makaira indica 149
– *nigricans* Atl. 149
– *nigricans* Pac. 149
Makrele **135**
Makrelen-Streamer 135, **137**, *143*
Malediven 168
Marabou Dorado-Muddler **119**, *125*
Marabou-Streamer 19, 91, 96, **99**, *107*
Marabou-Tarpon Fly *144*, **147 f.**
Margaree-River 84, 167
Marlin **148 f.**, 151
Marlin, Blauer 149
Marlin, Gestreifter *33*, 149, *152*
Marlin, Schwarzer 149
Marlin, Weißer 149
Marmorata **72**
Matuka-Streamer *13*
Mausfliegen *16*, 111
McCrab 146
Meerforelle **74 ff.**, *87*, 126, **127 f.**, 133
Meerforellen-Muddler **132**, *143*
Meerforellen-Streamer **130 ff.**
Meerforellen-Waddington **79**, *87*
Megalops atlanticus 142
Melozitna River 104
Menden 67, 83, 96, 102
Mequinenza 59, 60
Mexiko 142, 151, 168
Micropterus dolomieui 60
– *salmoides* 60
Mittelmeer-Speerfisch 149
Mongolei 111, 168
Muddler *16*, 128
Mückenmittel 38
Museum 171

Nachschlagetechnik 83
Nachschnur **25 f.**
Nackengriff *34*, **35 f.**

Namaycush-Saibling **96 ff.**, 101, *107*
Neckar 46, 55
Needlefish Barracuda Fly 142, *144*, **147**
Negaprion brevirostris 142
Nembwe 122
Neuseeland 71, 168
Niederlande 129
Nordamerika 40, 60, 71
Nordsee 128 f.
Norwegen **82 ff.**, 129, 134 f., 168

Ola 86
Olive Matuka 98, **99 f.**, *107*
Olive Woolly Bugger 96, 98, **99**, *107*
Oncorhynchus gorbuscha 86
– *keta* 91
– *kisutch* 92
– *masou* 86
– *mykiss* 68
– *nerka* 91
– *tschawytscha* 92
Oosterschelde 129
Oreochromis andersonii 122
Orinoko 61, 115, 118, 170
Orvis-Knoten 27, *28*
Ostsee **127 ff.**

Palomar Knot *155*
Patagonien **74 ff.**
Patagonien-Streamer **78 f.**
Payara 117 f., *125*
Payara-Deceiver 118, **119 f.**, *125*
Pazifiklachs **86 ff.**
Pazifiklachsmuster **94 ff.**
Pazifikmarlin, Blauer 149
Pazifischer Segelfisch 149
Peacock Pavon 61
Pekay 127 f., **130 f.**, *143*
Perca fluviatilis 49
Perfection Loop *154*
Permit **138 ff.**, *143*
Permit-Muster **146 f.**
Pete's Slider *144*, 151, **159 f.**
Pfauenbarsch **61 f.**
Pielach 109
Pink Fly *89*, 91, **94**
Pink Pollywog *89*, 92, **95**
Pink Salmon 86
Pink Squid Popper 159
Piranha 62, **116 f.**, *125*
Platinum Blonde 134, **137**, *143*

Plushille-Koppe 98, **100**, *107*
Plushille-Streamer *15 f.*
Plushille-Tigerfisch-Streamer **123**, *126*
Polar Shrimp *89*, 91, **94**
Polarisationsbrille 28 f., 145, 170
Pollack **134 f.**
Pollack-Streamer 134, **137**, *143*, 145
Polystickle *70*, 71, **73 f.**
Popper *17*
Popping Bug **64 f.**, *70*, 142, 145, 147
Purcell's Peter Variant 128, **131**, *143*
Purple Marabou-Steelhead Fly **106**, *108*

Quick Descent-Schnur 26

Raguse's Clearwater Flash Eel 86, *88*
Raguse's Natural Flash Eel 85, *88*
Raguse's Thunder & Light-ning Flash Eel 85, *88*
Rapfen **54 ff.**, *69*, 112
Rapfen-Popper 59, *69*
Rapfen-Streamer 58, *69*
Redfish 145
Regenbogenforelle 68, **71 f.**, *87*, 97, 101
Renken-Streamer 80, *87*
Reparaturset 38
Rhein 46, 49, 55
Riesen-Hornhecht 147 f.
Rio Chimehuin 78 f.
Rio Condor 76
Rio Gallegos 76
Rio Grande 74, 76
Rio Magdalena 115
Rio Menendez 74
Rio Paraguay 115
Rio Paraná 115, 165
Rio São Francisco 114 f.
Rio Uruguay 115
River Drowes **80 ff.**, *88*
River Erne 128
Rotlachs *89*, 91
Royal Pavon 61
Running Line 26 f.

Saibling *70*, 71, **96 ff.**
Saibling, Amerikanischer 97
Saiblings-Streamer 80, *87*

Sailfish **148 f.**
Sakura-Bonefish *143*, **146**
Salminus affinis 115
– *brasiliensis* 115
– *maxillosus* 115
Salmo trutta fario 68
– *trutta lacustris* 76
– *trutta marmoratus* 72
Salmon-Streamer 80 f., **84**, *88*
Salvelinus namaycush 97
Salzwasserfliegen 171
Sambesi **120 ff.**, *126*, 169
Samurai 103, **106**, *108*
San-Antonio-Barsch 116
Sardinata 118
Schellfisch 135
Schlanker Speerfisch 149
Schnurkorb 30
Schottland 134 f., 169
Schußköpfe **26 f.**
Schußleine 26 f.
Schwanzschlinge **31 f.**, *32*
Schwanzwurzelgriff *35*
Schwarzbarsch **59 ff.**
Schwarzer Marlin 149
Schwarzflossen-Thun 148
Schweden 128, 133
Schwimm-Schnüre **26 f.**
Sciaenops ocellatus 145
Scomberomorous cavalla 148
– *maculatus* 148
Seabass-Fly **133**, *143*
Sea Habit Bucktail *144*, 150, **159**
Sea-Running Brown Trout **74 ff.**
Seeforelle **76 f.**, *87*
Seeforellen-Streamer **79 f.**
Segelfisch *144*, **149**
Segelfisch, Atlantischer 149
Segelfisch, Pazifischer 149
Serranochromis robustus 122
Sheefish **103 f.**, *105*
Sheefish-Streamer **109**
Sheep Deep 137
Shock Tippet *153*
Sibirien 91, 102 f., **110 f.**
Sibirischer Huchen *108*, 111
Sicherheitsweste **29 f.**, *34*
Sieg 45 f., 55
Silberlachs 92
Silver Tube 83, **84 f.**, *88*
Sinkschnüre 26
Sinktip-Schnüre 26
Sitak River 91

Sitak-Streamer *89*, **94**
Skipping Bug *1 7*
Slider *1 7*
Slowenien 71
Smallmouth-Bass 60
Snook 145
Soca 72
Sockeye Salmon 91
Sommerlachs 81, *88*
Sonnenschutz 38 f.
Spanien 60
Spanish Mackerel 148
Spectraflash-Woolly Bugger 128, **131**, *143*
Speerfisch, Schlanker 149
Sphyraena barracuda 140
Spinnfischen mit dem Streamer *1 1* f.
Starnberger See 77
Steelhead **101** ff., *108*
Steelhead-Muster 106
Stella Lake 98
Stenodus leucichthys 103
– *leucichthys nelma* 103
Stizostedion lucioperca 46
Streamer **12** ff., *13*
Streamer-Bindematerial 170
Streamerfischen **9** ff.
Streamermuster **12** ff.
Stripping Basket **30**
Südamerika 61 f., 65, 71, 74 ff., 114 ff., 149, 168
Surinam 61 f., 65, 169

Tagesgepäck **37**
Tailer **31**, *32*
Taimen *108*, **110** f.
Taimen-Maus *108*, 111, 114
Taimen-Streamer *108*, **113** f.
Tandemstreamer *1 8*

Tarpon **142**, *144*
Tarpon Fly **123**
Tarpon-Muster **147** f.
Tatshenshini River 91
Teaser **136**, 151, 160
Teeny T-Serie/Deep & Down 26
Tetrapturus albidus 149
– *angustirostris* 149
– *audax* 149
– *belone* 149
– *pfluegeri* 149
Three-Spotted Bream 122
Thüringen 67, 166
Thun **148** ff., 151
Thunder Creek Silver Shiner 57, *69*
Thunnus albacares 149
– *atlanticus* 148
Tigerfisch **120** ff., *126*
Tigerfisch-/Tarpon-Fliege 121, **123**
Trachinotus falcatus 140
Trey Combs' Sea Habit Bucktail *144*, 150, **159**
Trey Combs' Sea Habit Bucktail - Sardine Fly *144*, *151*, **159**
Trey Combs' Sea Habit Deceiver *144*, 150, **159**
Tuna Fly *144*, 150, **158**
Tylosurus crocodilus 147 f.

Urwaldbarsch 61 f., **65**, *69*

Venezuela 61 f., 65, 115, 117, 142, 170

Wahoo 140, **148**, 151
Walchensee 77

Waller 112, *125*
Wallergriff **36**
Waller-Streamer 114
Watgürtel **29**
Wathose **29**
Watstiefel **29**
Watstock **30**
Watzeug **29**
Weißer Marabou-Streamer **99**, *107*
Weißer Marlin 149
Weißlachs 103
Wels, Europäischer **112**, *125*
Werra 68, 166
White Machine **58**, *69*
White Machine-Brutfisch **58** f., *69*
Widerhakenlos **19**, 56
Wiggle-Lemming *108*, 112, 114
Wittling 129
Wolfsbarsch *34*, **129**
Wolfsbarsch-Streamer **133**, *143*, 145
Wolga 110, 112
Woolly Bugger 19, 61, **63**, **78** f., **99**, 131

Yellow Tail Snapper 147
Yellowfin Tuna 149 f.
Yukon 40 f., 45, 91 ff., 96 ff., 101, 103 f., 167

Zander **45** ff., *52*, 112
Zander-Streamer **47** f.
Zander-Tube 46, 48, *52*
Zitronenhai 142
Zonker-Streamer *1 4*, **58**, *69*, 112
Zweihandruten **23**

Erlebnis Angeln

Fliegenfischen – Faszination und Abenteuer zugleich.

Aus der Sicht des erfahrenen Praktikers informiert dieses Buch auf ästhetisch ansprechende Weise über Angelgerät, Wurftechniken, Knoten, Fangmethoden und jahreszeitliche Schwerpunkte des Fliegenfischens.

216 Seiten, durchgehend farb. Aquarellzeichnungen, geb. ISBN 3-440-08099-4

Alle wichtigen europäischen Süßwasserfische in exzellenten Farbfotos, mit präzisen Texten und ausführlichen Informationen. Ein Muß für alle.

368 Seiten, 314 Abb., 83 Verbreitungskarten ISBN 3-440-07068-9

Dieser einzigartige Naturführer stellt die wichtigsten europäischen Meeresfische, Krebs- und Weichtiere in faszinierenden Farbillustration vor.

336 Seiten, 1.228 Abb., 260 Verbreitungskarten ISBN 3-440-07804-3

Dieses Buch vermittelt leicht nachvollziehbar die Methoden und Handgriffe für das Binden von Trocken-und Nassfliegen, Nymphen und Streamern.

144 Seiten, 450 Abbildungen, kart. ISBN 3-440-08108-7